時代を動かした人々 9
[維新篇]

誇り高きサムライ・テクノクラート

# 佐久間 象山

古川 薫

目次

装画……………岡田嘉夫
装丁……………中村友和(ROVARIS)

❖プロローグ❖

# 日本は世界の孤島だった

十七世紀《せいき》以来《いらい》の日本《にほん》は、世界《せかい》の孤島《ことう》だった。
徳川幕府《とくがわばくふ》が鎖国政策《さこくせいさく》をとりつづけたからだ。
長崎《ながさき》にはいるオランダ船《せん》を相手《あいて》に、
ほそぼそと取《と》り引《ひ》きするのが、
ヨーロッパとの唯一《ゆいいつ》のつながり。
日本人《にほんじん》は、船《ふね》で外海《がいかい》に出《で》ることも禁止《きんし》、
法《ほう》をやぶれば、死刑《しけい》にされた。

海《うみ》のむこうにはどんな人《ひと》が住《す》んでいるのか。
どんな文化《ぶんか》を持《も》ち、どんな生活《せいかつ》をしているのか。
そんなことは、まったく知《し》らない。
目《め》も耳《みみ》もふさがれ、

文明《ぶんめい》から置《お》き去《ざ》りにされた暮《く》らしが、
二百年以上《ひゃくねんいじょう》もつづいたのだ。

林子平《はやししへい》という学者《がくしゃ》が
『海国兵談《かいこくへいだん》』（十六巻《かん》）を刊行《かんこう》したのは、
寛政《かんせい》三（一七九一）年《ねん》だった。
そのころ、ロシア船《せん》がしきりに日本《にほん》をうかがっていた。
子平《しへい》は、海国《かいこく》としての国防《こくぼう》が急務《きゅうむ》であることを論《ろん》じた。
それが『海国兵談《かいこくへいだん》』だ。

「外国《がいこく》の軍艦《ぐんかん》が襲《おそ》ってくる危険《きけん》がある。
武備《ぶび》を怠《おこた》ってはならない。

それを防《ふせ》ぐ道《みち》は水戦《すいせん》（海戦《かいせん》）である。
水戦《すいせん》に必要《ひつよう》なのは大銃《おおづつ》（大砲《たいほう》）である。
その次《つぎ》に陸戦《りくせん》のことも考《かんが》えておかなくてはならない……」
（林子平《はやししへい》『海国兵談《かいこくへいだん》』の序文《じょぶん》。口語訳《こうごやく》）

『海国兵談《かいこくへいだん》』は、
わが国《くに》で本格的《ほんかくてき》な国防《こくぼう》を論《ろん》じた最初《さいしょ》のものだが、
幕府《ばくふ》は、ひどく怒《いか》った。
一般人《いっぱんじん》がみだりに幕政《ばくせい》に口《くち》をはさみ、
国防《こくぼう》を論《ろん》じるとはけしからんと、
版木《はんぎ》（印刷用《いんさつよう》の文字《もじ》・図画《ずが》などを彫刻《ちょうこく》した木版《もくはん》）を没収《ぼっしゅう》、
林子平《はやししへい》を投獄《とうごく》してしまった。

十九世紀《せいき》になると、
ますます世界各国《せかいかっこく》の船《ふね》が、
日本列島《にほんれっとう》のまわりを、うろつきはじめた。
鎖国《さこく》をやめて、つきあいをしようと
さそいかけてくるのだが、
幕府《ばくふ》が、かたくなに国《くに》をとざしつづけたので、
強引《ごういん》に港《みなと》にはいってくる外国船《がいこくせん》もある。

文化《ぶんか》五(一八〇八)年《ねん》八月《がつ》、
イギリス軍艦《ぐんかん》フェートン号《ごう》が
オランダ国旗《こっき》をかかげて長崎《ながさき》に入港《にゅうこう》した。
調《しら》べに出向《でむ》いたオランダ商館員《しょうかんいん》ふたりを捕《と》らえ、

燃料《ねんりょう》・食料《しょくりょう》を要求《ようきゅう》して、
目的《もくてき》を果《は》たすと、ゆうゆうと退去《たいきょ》した。
責任《せきにん》をとって長崎奉行松平康英《ながさきぶぎょうまつだいらやすひで》は、切腹自殺《せっぷくじさつ》した。
その後《ご》も外国船員《がいこくせんいん》の不法上陸《ふほうじょうりく》がつづいたので、
幕府《ばくふ》は「異国船打払令《いこくせんうちはらいれい》」を発《はっ》し、
外国船《がいこくせん》を見《み》つけしだい砲撃《ほうげき》せよと、全国《ぜんこく》の大名《だいみょう》に命《めい》じた。

天保《てんぽう》八(一八三七)年《ねん》六月《がつ》、三浦半島《みうらはんとう》の浦賀《うらが》に、
モリソン号《ごう》というアメリカ船《せん》が、
日本《にほん》との通商《つうしょう》をもとめて来航《らいこう》した。
漂流《ひょうりゅう》中《ちゅう》の日本漁民《にほんぎょみん》七人《にん》を救助《きゅうじょ》し、
彼《かれ》らをつれてきたのだが、

幕府《ばくふ》の役人《やくにん》は命令《めいれい》に従《したが》って、
船《ふね》をよせつけず、砲撃《ほうげき》して退去《たいきょ》させてしまった。
このモリソン号事件《ごうじけん》は、世界《せかい》からの批判《ひはん》をうけた。
これは恥《は》ずかしいことで、
心《こころ》ある日本《にほん》の知識人《ちしきじん》は眉《まゆ》をひそめた。
そして事件《じけん》から二年後《ねんご》に起《お》こったのが蛮社《ばんしゃ》の獄《ごく》である。
そのころ江戸《えど》に尚歯会《しょうしかい》という集《あつ》まりがあった。
渡辺崋山《わたなべかざん》・高野長英《たかのちょうえい》ら
蘭学《らんがく》に関心《かんしん》を持《も》つ人々《ひとびと》が結成《けっせい》した研究会《けんきゅうかい》である。
尚歯会《しょうしかい》は、蛮社《ばんしゃ》と呼《よ》ばれた。
蛮社《ばんしゃ》の蛮《ばん》は、野蛮《やばん》の蛮《ばん》だ。
野蛮人《やばんじん》とは、未開人《みかいじん》のことだ。

長《なが》い鎖国政策《さこくせいさく》のあいだに日本人《にほんじん》は、
西洋人《せいようじん》を野蛮人《やばんじん》として恐《おそ》れた。
オランダ人《じん》がブドウ酒《しゅ》を飲《の》むのを見《み》て、
「人間《にんげん》の血《ち》を飲《の》む」と怖《こわ》がり、
いかがわしい西洋《せいよう》の学問《がくもん》を研究《けんきゅう》するといって、
尚歯会《しょうしかい》を蛮社《ばんしゃ》と呼《よ》び、軽蔑《けいべつ》し、警戒《けいかい》した。
その尚歯会《しょうしかい》の人々《ひとびと》が捕《と》らえられ、投獄《とうごく》された事件《じけん》なので、
蛮社《ばんしゃ》の獄《ごく》という。

尚歯会《しょうしかい》の渡辺崋山《わたなべかざん》や高野長英《たかのちょうえい》はどんな罪《つみ》を犯《おか》したのだろう。
渡辺崋山《わたなべかざん》は『慎機論《しんきろん》』を書《か》いて、
モリソン号《ごう》を追《お》いはらった幕府《ばくふ》の対応《たいおう》をきびしく批判《ひはん》した。

高野長英《たかのちょうえい》は、夢《ゆめ》の話《はなし》という設定《せってい》で『戊戌夢物語《ぼじつゆめものがたり》』を書《か》いた。
世界情勢《せかいじょうせい》を説《と》き、
害意《がいい》のない外国船《がいこくせん》を打《う》ち払《はら》うのは無謀《むぼう》ではないかと、
幕府《ばくふ》をたしなめるという、ものやわらかな調子《ちょうし》だ。

「そんなことをすると、世界《せかい》の人々《ひとびと》から
日本《にほん》は、人民《じんみん》をたいせつにしない非情《ひじょう》な国《くに》とさげすまれ、
憤《いきどお》りの目《め》をむけられるかもしれません。
日本近海《にほんきんかい》にはイギリスの属国《ぞっこく》もたくさんあり、
その船《ふね》がいつも往来《おうらい》しているので、
彼《かれ》らから憎《にく》まれると、
将来《しょうらい》海上《かいじょう》で襲《おそ》われたりして海運《かいうん》の邪魔《じゃま》ともなりましょう。

異国船《いこくせん》打ち払《はら》いの行為《こうい》は、理解《りかい》されず
日本《にほん》は乱暴《らんぼう》な国《くに》、不義《ふぎ》の国《くに》と世《せ》界中《かいじゅう》にいいふらされ、
礼儀《れいぎ》正《ただ》しい国《くに》といわれてきた
日本《にほん》の名誉《めいよ》をうしなうことになりますよ。

（高野長英《たかのちょうえい》『戊戌夢物語《ぼじゅつゆめものがたり》』の一部《いちぶ》。口語訳《こうごやく》）

政策《せいさく》を批判《ひはん》された幕府《ばくふ》は腹《はら》を立《た》てて、ふたりを逮捕《たいほ》した。
三河国《みかわのくに》(愛知県《あいちけん》)田原藩《たはらはん》の武士《ぶし》だった崋山《かざん》は、
国許《くにもと》に送《おく》られて、蟄居《ちっきょ》となり、
藩《はん》からも責《せ》められて自殺《じさつ》した。
長英《ちょうえい》は脱獄《だつごく》し、変名《へんめい》を使《つか》って活躍《かつやく》していたが、
幕府《ばくふ》の役人《やくにん》に追《お》いつめられて自殺《じさつ》した。

幕府《ばくふ》が時代遅《じだいおく》れの鎖国政策《さこくせいさく》を強行《きょうこう》しているうちに、
ペリー来航《らいこう》という大事件《だいじけん》に遭遇《そうぐう》する。
——嘉永《かえい》六(一八五三)年《ねん》六月《がつ》、
ペリー提督《ていとく》がひきいる四隻《せき》のアメリカ艦隊《かんたい》が
浦賀沖《うらがおき》にあらわれたのだ。
黒船《くろふね》におどされた幕府《ばくふ》は、ついに国《くに》を開《ひら》くことになる。
翌年《よくねん》には、日米和親条約《にちべいわしんじょうやく》をむすび、
つづいてヨーロッパ諸国《しょこく》とも条約《じょうやく》を締結《ていけつ》。
しぶしぶながら外国《がいこく》とのつきあいが、はじまった。
幕府《ばくふ》が江戸《えど》九段坂下《くだんさかした》に蕃書調所《ばんしょしらべしょ》を創立《そうりつ》したのは、
和親条約締結《わしんじょうやくていけつ》の翌年《よくねん》、安政《あんせい》三(一八五六)年《ねん》だった。
そこは洋学《ようがく》の教授《きょうじゅ》、洋書《ようしょ》の翻訳《ほんやく》にあたる教育研究機関《きょういくけんきゅうきかん》である。

ドロナワ式《しき》（泥棒《どろぼう》を捕《と》らえてから、縛《しば》る縄《なわ》をなう）で
はじめた洋学研究《ようがくけんきゅう》。
黒船《くろふね》にそなえる国防《こくぼう》といっても、
なにからはじめてよいか、わからない。
大砲《たいほう》のつくり方《かた》も、撃《う》ち方《かた》も、軍艦《ぐんかん》のつくり方《かた》もわからない。
この当時《とうじ》の日本人《にほんじん》は、
欧米《おうべい》でいちじるしい進歩《しんぽ》をとげている科学知識《かがくちしき》から、
はるかに遠《とお》いところにいた。
そんな幕末《ばくまつ》のテクノクラートとして登場《とうじょう》したのが
佐久間象山《さくましょうざん》だ。

テクノクラートとは、

もともと科学者《かがくしゃ》、技術者出身《ぎじゅつしゃしゅっしん》の高級官僚《こうきゅうかんりょう》のことだが、
高度《こうど》に科学知識《かがくちしき》、専門技術《せんもんぎじゅつ》をもって、
社会《しゃかい》の進《すす》むべき道《みち》を指《さ》し示《しめ》す
重要《じゅうよう》な役割《やくわり》を果《は》たす人《ひと》のこと。
晩年《ばんねん》の象山《しょうざん》は、将軍《しょうぐん》の命令《めいれい》で京都《きょうと》に出《で》たから、
官僚《かんりょう》テクノクラートとなったが、
一個《いちこ》人《じん》としても先進科学者《せんしんかがくしゃ》、
近代技術者《きんだいぎじゅつしゃ》のさきがけとして活躍《かつやく》した。
西洋《せいよう》の科学書《かがくしょ》を読《よ》みこなして、
小銃《しょうじゅう》・大砲《たいほう》を鋳造《ちゅうぞう》し、
ガラスを製造《せいぞう》し、
写真術《しゃしんじゅつ》を習得《しゅうとく》し、

電池《でんち》・電気《でんき》医《い》療機《りょうき》をつくり、
地《じ》震計《しんけい》までもつくって人々《ひとびと》をおどろかせた。

しかも象山《しょうざん》は誇《ほこ》り高《たか》きサムライ・テクノクラートだった。
絶対《ぜったい》の自《じ》信《しん》をもって、人《ひと》に対《たい》しても尊大《そんだい》だったから、
そのためにも憎《にく》まれて、長《なが》い幽閉生活《ゆうへいせいかつ》を送《おく》り、
ついには暗殺《あんさつ》されるという悲《ひ》劇的最期《げきてきさいご》をとげるのだが、
近代科学《きんだいかがく》に無知《むち》な幕末《ばくまつ》の日本《にほん》で果《は》たした象山《しょうざん》の功績《こうせき》は、
わすれられない。
象山《しょうざん》の門弟《もんてい》には、
勝《かつ》　海舟《かいしゅう》
坂本竜馬《さかもとりょうま》

吉田松陰《よしだしょういん》
橋本左内《はしもとさない》
小林虎三郎《こばやしとらさぶろう》たちが、名《な》をならべている。

独学《どくがく》、孤軍奮闘《こぐんふんとう》して、西洋《せいよう》の科学的知識《かがくてきちしき》を習得《しゅうとく》し、
先見的思想《せんけんてきしそう》をかざして、
和魂洋才《わこんようさい》、すなわち東洋《とうよう》の道徳《どうとく》、
西洋《せいよう》の芸術《げいじゅつ》（学問《がくもん》・技術《ぎじゅつ》）の融合《ゆうごう》をとなえ、
すべての日本人《にほんじん》に開国論《かいこくろん》を訴《うった》えた。
黎明期《れいめいき》の日本《にほん》の地平《ちへい》をきり拓《ひら》いていく佐久間象山《さくましょうざん》の生《い》きざまは、
未来《みらい》をめざす現代人《げんだいじん》にも、勇気《ゆうき》をあたえてくれる。
誇《ほこ》り高《たか》きサムライ・テクノクラート佐久間象山《さくましょうざん》の生涯《しょうがい》を語《かた》ろう。

## ❖第一章❖ われこそは明けの明星

## 耳《みみ》なし象山《しょうざん》

ラフカディオ・ハーン（小泉八雲《こいずみやくも》）が、
日本《にほん》の怪談《かいだん》をほりおこしたなかに、
『耳《みみ》なし芳一《ほういち》』の話《はなし》がある。
壇《だん》の浦《うら》で滅亡《めつぼう》した平家武者《へいけむしゃ》の亡霊《ぼうれい》が、
琵琶法師《びわほうし》芳一《ほういち》の美声《びせい》に感心《かんしん》し、
「そなたの琵琶《びわ》を聴《き》きたいという尊《とうと》い方《かた》がおられる。
ついてまいれ」
と、大《おお》きな御殿《ごてん》に案内《あんない》した。

芳一《ほういち》はいわれるままに
『平家物語《へいけものがたり》』壇《だん》ノ浦《うら》の条《じょう》を弾《ひ》き語《がた》る。
「すばらしかった、また明日《あす》も参《まい》れ」
翌日《よくじつ》も、またその翌日《よくじつ》も、
迎《むか》えがきて芳一《ほういち》は出《で》かけて行《い》く。
怪《あや》しんだ寺《てら》の者《もの》が、
ある夜《よ》、芳一《ほういち》のあとをつけてみると、
境内《けいだい》にある平家《へいけ》一門《いちもん》の墓《はか》のまえにすわり、
飛《と》び交《か》う鬼火《おにび》のなかで、
琵琶《びわ》をかき鳴《な》らしていた。
「このままだと芳一《ほういち》は、
亡霊《ぼうれい》のために命《いのち》を吸《す》いとられてしまう」

寺《てら》の和尚《おしよう》は、芳一《ほういち》のからだにお経《きよう》を書《か》いて怨霊払《おんりようばら》いをした。
その夜《よ》、武者《むしや》の亡霊《ぼうれい》は迎《むか》えにやってきたが、
芳一《ほういち》のすがたが見《み》えない。
お経《きよう》を書《か》きこんだ芳一《ほういち》のからだが、
亡霊《ぼうれい》には見《み》えなかったのだが、
ふたつの耳《みみ》たぶだけが闇《やみ》のなかに浮《う》いている。
和尚《おしよう》は芳一《ほういち》の耳《みみ》に、お経《きよう》を書《か》くのをわすれていたのだった。
「ええい、仕方《しかた》がない」と、
亡霊《ぼうれい》は芳一《ほういち》の耳《みみ》たぶをもぎとって帰《かえ》って行《い》った。
芳一《ほういち》はかろうじて命《いのち》はたすかったが、
両耳《りようみみ》がなくなったので、
人《ひと》からは「耳《みみ》なし芳一《ほういち》」と呼《よ》ばれたというお話《はなし》。

佐久間《さくま》象山《しょうざん》にも耳《みみ》がなかった。
象山《しょうざん》の写真《しゃしん》、
おそらくは自分《じぶん》でつくった写真機《しゃしんき》で撮影《さつえい》したのだろうが、
大《おお》きな家紋《かもん》のはいった黒紋付《くろもんつき》の着物《きもの》を着《き》たサムライの、
らっきょが逆立《さかだ》ちしたような顔《かお》には、
口《くち》ひげに長《なが》いあごひげ、
目《め》つきするどく、まえをにらんでいる。
そして不思議《ふしぎ》なことに、
この顔《かお》には耳《みみ》がないのだ。
——耳《みみ》なし芳一《ほういち》、耳《みみ》なし象山《しょうざん》だ。
ほんとうは耳《みみ》がないのではなく、
耳《みみ》がうしろのほうにあるので、

正面《しょうめん》から見《み》ると、耳《みみ》が見《み》えないのである。

「オレの耳《みみ》は、

天下《てんか》後世《こうせい》にその名《な》をのこすことを物語《ものがた》るものだ」

と、象山《しょうざん》は自慢《じまん》した。

象山《しょうざん》の友人《ゆうじん》三村晴山《みむらせいざん》（画家《がか》、狩野芳崖《かのうほうがい》の先生《せんせい》）は、

こういった。

「正面《しょうめん》から耳《みみ》が見《み》えない人《ひと》は、

世《よ》の中《なか》に名前《なまえ》が知《し》れわたる人相《にんそう》である」

象山《しょうざん》は晴山《せいざん》の言葉《ことば》を信《しん》じ、確信《かくしん》したのだろう。

耳《みみ》なし象山《しょうざん》は、

予言《よげん》どおり天下《てんか》後世《こうせい》にその名《な》をのこした。

## 神童《しんどう》

松代《まつしろ》（長野県長野市《ながのけんながのし》）は、長野盆地《ながのぼんち》の南東端《なんとうたん》に居城《きよじよう》をかまえる十万石《まんごく》の外様大名《とざまだいみよう》・真田《さなだ》氏《し》の城下町《じようかまち》である。

松代藩《まつしろはん》は、幕府《ばくふ》から諸工事《しよこうじ》の出役《しゆつえき》を命《めい》じられて財政《ざいせい》が苦《くる》しくなり、そのために租税《そぜい》をあげたので、家臣《かしん》や農民《のうみん》は貧《まず》しい生活《せいかつ》に追《お》いやられた。よく一揆《いつき》が発生《はつせい》し、扶持米《ふちまい》（給料《きゆうりよう》）の不払《ふばら》いを怒《いか》った足軽《あしがる》が出勤拒否《しゆつきんきよひ》を起《お》こしたこともある。

佐久間象山《さくましようざん》は、文化《ぶんか》八（一八一一）年《ねん》二月《がつ》二十八日《にち》、松代藩《まつしろはん》の武士《ぶし》・佐久間《さくま》一学《いちがく》の長男《ちようなん》として生《う》まれた。

子《こ》どものころの名前《なまえ》は啓之助《けいのすけ》といった。啓之助《けいのすけ》の父《ちち》・一学《いちがく》は剣術《けんじゆつ》の達人《たつじん》で、道場《どうじよう》を開《ひら》いて松代城下《まつしろじようか》の若者《わかもの》に教授《きようじゆ》した。そのうえ、和漢《わかん》の学問《がくもん》を修《おさ》め、書道《しよどう》にも長《ちよう》じていた。

しかし、石高《こくだか》は五両《りよう》五人扶持《にんぶち》（一人扶持《いちにんぶち》は一日玄米《いちにちげんまい》五合《ごう》、五人扶持《にんぶち》は年玄米《ねんげんまい》九石《こく》）の貧《まず》しい生活《せいかつ》をしていた。それでも、れっきとした藩士《はんし》であり、藩主《はんしゆ》の側右筆《そばゆうひつ》（主《あるじ》のそばに仕《つか》え、文書《ぶんしよ》を書《か》く仕事《しごと》）をつとめた。

佐久間家《さくまけ》では長《なが》く男《おとこ》の子《こ》が生《う》まれなかったので、啓之助《けいのすけ》は大事《だいじ》に育《そだ》てられた。

啓之助《けいのすけ》は幼少《ようしよう》のころから、非凡《ひぼん》なＩＱのひらめきを見《み》せた。乳母《うば》に背負《せお》われて寺《てら》に参《まい》ったとき、門前《もんぜん》の碑文《ひぶん》から「禁《きん》」という文字《もじ》を覚《おぼ》え、家《いえ》に帰《かえ》ってから、正《ただ》しく書《か》いて見《み》せて親《おや》をおどろかせた。

「予《よ》（わたくし）、二、三歳《さい》のとき、すでによく耳《みみ》に熟《じゆく》し、六十四卦《け》の名《な》を誦《そら》んず」

と、象山《しようざん》、自《みずか》ら語《かた》っている。
二、三歳《さい》で人《ひと》の言葉《ことば》を理解《りかい》し、中国古代《ちゆうごくこだい》の占術《せんじゆつ》を述《の》べた『易経《えききよう》』で、天地間《てんちかん》の現象《げんしよう》を説《せつ》明《めい》する八卦《はつけ》を、たがいに重《かさ》ねた乾《けん》・坤《こん》・屯《とん》……、六十四卦《け》をすべて暗唱《あんしよう》したともいう。
神童《しんどう》のうわさを聞《き》いた藩主《はんしゆ》の真田幸貫《さなだゆきつら》は、ある日《ひ》、わずかな供《とも》をつれて城下《じようか》に出《で》たとき、佐久間一学《さくまいちがく》の道場《どうじよう》に立《た》ちよった。啓之助《けいのすけ》は剣術《けんじゆつ》にもすぐれていたので、その稽古《けいこ》ぶりに感《かん》心《しん》した藩主《はんしゆ》は、

「あっぱれな太刀《たち》すじである。褒美《ほうび》をやりたいが、望《のぞ》みはあるか」

と、たずねた。

それで啓之助《けいのすけ》は臆《おく》せずに「お願《ねが》いがございます」といった。

「なにか、申《もう》してみよ」

「わたくしの生《う》みの親《おや》は、いまだに父上《ちちうえ》の召《め》し使《つか》いということになっています。ですから、わたくしは、母上《ははうえ》の名《な》を呼《よ》びすてにしなければなりません。どうか晴《は》れて母上《ははうえ》と呼《よ》ぶことができますようにしてくださいませ」

啓之助《けいのすけ》の母親《ははおや》「まん」は身分《みぶん》の低《ひく》い足軽《あしがる》の子《こ》だった。藩《はん》の規則《きそく》では、武士《ぶし》が身分《みぶん》ちがいの者《もの》と結婚《けっこん》することを禁《きん》じていた。啓之助《けいのすけ》の母《はは》は一学《いちがく》の正妻《せいさい》となれず、表向《おもてむ》きには召《め》し使《つか》いとしてあつかわれたのである。

「そのようなことならわけもない。そちの母《はは》に目《め》どおりを許《ゆる》すことにしよう」

幸貫《ゆきつら》はすぐに啓之助《けいのすけ》の望《のぞ》みを聞《き》きとどけたが、父親《ちちおや》の一学《いちがく》はおどろいて、

「ありがたいお言葉《ことば》ですが、お目見《めみ》えの資格《しかく》がない者《もの》でございますから、ご遠慮申《えんりょもう》しあげます」

と、辞退《じたい》した。

「苦《くる》しゅうない。登城《とじょう》させよ」

まもなく召《め》し出《だ》された啓之助《けいのすけ》の母《はは》に、藩主幸貫《はんしゅゆきつら》は「よい子《こ》を持《も》ってしあわせだな」と、やさしい言葉《ことば》をかけた。

お目見《めみ》えを許《ゆる》されたまんは、正式《せいしき》に一学《いちがく》の妻《つま》となり、啓之助《けいのすけ》の母《はは》となった。母親《ははおや》を思《おも》う啓之助《けいのすけ》の孝心《こうしん》に感《かん》じた藩主《はんしゅ》がとった破格《はかく》の処置《しょち》だった。

まんは賢婦人《けんぷじん》（かしこい女性《じょせい》）としても知《し》られた。母親《ははおや》の愛情《あいじょう》にはぐくまれた啓之助《けいのすけ》は、立派《りっぱ》に成人《せいじん》し、学問《がくもん》も進《すす》んだので天保《てんぽう》四（一八三三）年《ねん》、二十三歳《さい》のとき、許《ゆる》されて江戸《えど》に遊学《ゆうがく》し、儒学《じゅがく》の大家《たいか》佐藤一斎《さとういっさい》に師事《しじ》した。

三年後《ねんご》に帰郷《ききょう》して、塾《じゅく》を開《ひら》き儒学《じゅがく》を教《おし》えたが、天保《てんぽう》十（一八三九）年《ねん》、二十九歳《さい》のとき、ふたたび江戸《えど》に出《で》て、名《な》を修理《しゅり》と改《あらた》めた。

象山《しょうざん》の号《ごう》も、おなじ年《とし》から使《つか》いはじめた。ここで「象山《しょうざん》」を、どう読《よ》むか。「しょうざん」か、「ぞうざん」かの二説《せつ》がある。松代《まつしろ》に象山《ぞうざん》という山《やま》があるので、そう読《よ》むのが正《ただ》しいとする意見《いけん》が根強《ねづよ》い。岩波書店刊《いわなみしょてんかん》・宮本仲《みやもとちゅう》『佐久間象山《さくまぞうざん》』は「ぞうざん」説《せつ》である。

しかし吉川弘文館刊《よしかわこうぶんかんかん》・大平喜間多《おおひらきまた》著《ちょ》『佐久間象山《さくましょうざん》』では「しょうざん」説《せつ》をとる。象山《しょうざん》自身《じしん》がローマ字《じ》でSSSと署名《しょめい》した文献《ぶんけん》が発見《はっけん》されてからは、「しょうざん」と読《よ》むのが正《ただ》しいという同書《どうしょ》の説《せつ》に、本書《ほんしょ》は従《したが》うことにする。ほかにもSHOUZANという彼《かれ》の署名《しょめい》も発見《はっけん》されている。

# 威《い》風堂々《ふうどうどう》

一学《いちがく》が啓之助《けいのすけ》という名《な》をつけたのは、「詩経《しきょう》」（中国最古《ちゅうごくさいこ》の詩集《ししゅう》）の「東《ひがし》に啓明《けいめい》あり」からとったものだ。啓明《けいめい》は、明《あ》けの明星《みょうじょう》（金星《きんせい》）のことである。

おとなになってからの象山《しょうざん》は、「大星《たいせい》」という名《な》も使《つか》っている。それも金星《きんせい》のことだ。

象山《しょうざん》は、自《みずか》らを金星《きんせい》（明《あ》けの明星《みょうじょう》）と名《な》のったのである。たいへんな自信家《じしんか》だった。

身長《しんちょう》六尺《しゃく》（一メートル八十センチ）近《ちか》い大男《おおおとこ》で、目《め》は大《おお》きくするどく、炯々《けいけい》と輝《かがや》いて、フクロウのようだったので、子《こ》どものころはテテッポウ（梟《ふくろう》の方言《ほうげん》）というあだ名《な》だった。

額《ひたい》は広《ひろ》く、頰骨《ほおぼね》が高《たか》い。

いかにも近《ちか》づきにくい風貌《ふうぼう》だが、本人《ほんにん》も人《ひと》に対《たい》しては傲岸不遜《ごうがんふそん》（おごりたかぶって、へりくだらない）だった。

頭《あたま》はいつも総髪《そうはつ》（額《ひたい》の月代《さかやき》を剃《そ》らず全体《ぜんたい》の髪《かみ》をのばす）にし、ポニー・テールのかたちに白《しろ》い紐《ひも》で束《たば》ねていた。

日《ひ》ごろでも黒紋付《くろもんつき》に袴《はかま》をはき、下着《したぎ》は清潔《せいけつ》な白襟《しろえり》とし、大儒《たいじゅ》（儒学《じゅがく》の大先生《だいせんせい》）のような風格《ふうかく》をそなえていた。

顔色《かおいろ》は雪《ゆき》のように白《しろ》く、いかめしい容貌《ようぼう》で、どっしりした体格《たいかく》だったから、白人《はくじん》と見《み》まごうばかりの日本人《にほんじん》ばなれした容姿《ようし》の持《も》ち主《ぬし》だった。

威風堂々《いふうどうどう》として、力《ちから》も強《つよ》かった。

私塾《しじゅく》を開《ひら》くと、大勢《おおぜい》の青年《せいねん》が入門《にゅうもん》した。たまに弟子《でし》たちと相撲《すもう》をとったが、象山《しょうざん》に勝《か》つ者《もの》はいなかった。

すこしのちの話《はなし》になるが、日本《にほん》に上陸《じょうりく》したアメリカの提督《ていとく》（艦隊《かんたい》の司令官《しれいかん》）ペリーが、軍議役《ぐんぎやく》としてひかえていた象山《しょうざん》のまえを通《とお》るとき、思《おも》わず丁寧《ていねい》に頭《あたま》をさげた。

勘定奉行《かんじょうぶぎょう》の川路聖謨《かわじとしあきら》が、

「日本人《にほんじん》でペリーから会釈《えしゃく》されたのは貴殿《きでん》ばかりだな」

といったという。象山《しょうざん》にはそのような威厳《いげん》が、しぜんにそなわっていたのだ。

それに彼《かれ》は雄弁家《ゆうべんか》だった。日《ひ》ごろは無口《むくち》だったが、ひとたび口《くち》をひらいて、時勢《じせい》を論《ろん》じはじめると、よく響《ひび》く声《こえ》で自分《じぶん》の考《かんが》えをしゃべりまくった。

「その言辞《げんじ》荘重《そうちょう》、条理整然《じょうりせいぜん》、よく人《ひと》の肺腑《はいふ》に徹《てっ》し、滔々数万言《とうとうすうまんげん》」といわれた。

重々《おもおも》しい口調《くちよう》のボキャブラリイゆたかな象山《しようざん》の雄弁《ゆうべん》は、理路《りろ》整然《せいぜん》として、聴《き》くものの心《こころ》を揺《ゆ》さぶらずにはおかなかったというのである。

# ❖第二章❖ アヘン戦争

## 近代科学《きんだいかがく》

十五世紀《せいき》の大航海時代《だいこうかいじだい》からはじまった
ヨーロッパ諸国《しょこく》の植民地競争《しょくみんちきょうそう》は、
十九世紀《せいき》にはいっても激《はげ》しさをくわえた。
アジアにやってきたのは、
まずポルトガルだったが、
やがてスペインにかわった。
スペインの無敵艦隊《むてきかんたい》が
イギリスにやぶれた一五八八年以後《ねんいご》は、

オランダが勢《いきお》いをつけて
ジャワ島《とう》においた東《ひがし》インド会社《がいしゃ》を本拠《ほんきょ》にして
ついに日本《にほん》に進出《しんしゅつ》してきた。

徳川幕府《とくがわばくふ》は鎖国《さこく》して外国《がいこく》を嫌《きら》ったが、
オランダだけはうまくはいりこんで、
長崎《ながさき》に商館《しょうかん》を開《ひら》き、日本《にほん》との貿易《ぼうえき》を独占《どくせん》した。
ヨーロッパの国々《くにぐに》が、
それをだまって見《み》ているはずはない。
オランダの力《ちから》が弱《よわ》まりかけたころ、
イギリスが極東進出《きょくとうしんしゅつ》をはじめた。
その最初《さいしょ》の乱暴《らんぼう》な行動《こうどう》が、

一八三九年《ねん》からはじまったアヘン戦争《せんそう》だ。

銀《ぎん》をほしがるイギリスは、
大量《たいりょう》のアヘン(麻薬《まやく》)を清国《しんこく》に持《も》ちこんだ。
銀《ぎん》の流出《りゅうしゅつ》や
国民《こくみん》をむしばむ薬害《やくがい》の蔓延《まんえん》を防《ふせ》ごうと、
清朝政府《しんちょうせいふ》はアヘンを禁《きん》じたが、
イギリス商人《しょうにん》は、なおもアヘンをはこびこむ。
清朝政府《しんちょうせいふ》は上海港《シャンハイこう》にはいった英国船《えいこくせん》を捜索《そうさく》して
積荷《つみに》のアヘンを没収《ぼっしゅう》し、
海《うみ》にすてた。
怒《おこ》ったイギリスは

清国《しんこく》に宣戦布告《せんせんふこく》して軍艦《ぐんかん》をさしむけ、
一方的《いっぽうてき》に攻撃《こうげき》を開始《かいし》した。

それがアヘン戦争《せんそう》だ。

近代兵器《きんだいへいき》を搭載《とうさい》したイギリス艦隊《かんたい》に対《たい》して
旧式《きゅうしき》の軍備《ぐんび》しか持《も》たぬ清国軍《しんこくぐん》は惨敗《ざんぱい》し、
国土《こくど》の一部《ぶ》・香港《ホンコン》をうばわれた。
九十九年間《ねんかん》の租借《そしゃく》という名《な》で
香港《ホンコン》はイギリスの植民地《しょくみんち》にされてしまった。

そればかりではない。
上海《シャンハイ》までが外国《がいこく》の租界《そかい》となり、半植民地化《はんしょくみんちか》した。
主権《しゅけん》をふみにじられた清朝政府《しんちょうせいふ》は泣《な》き寝入《ねい》りするばかり。

情報《じょうほう》のすくない時代《じだい》だから、
日本人《にほんじん》はアヘン戦争《せんそう》のことを
「清国《しんこく》でたいへんな事件《じけん》があったらしい」と、
マユをひそめるくらいのことだったが、
やがて清国《しんこく》で出版《しゅっぱん》された『阿芙蓉彙聞《あふよういぶん》』という本《ほん》が
日本《にほん》に伝《つた》わり、
アヘン戦争《せんそう》の全貌《ぜんぼう》があきらかになった。

幕府《ばくふ》に仕《つか》える儒学《じゅがく》の先生《せんせい》が和訳《わやく》した『阿芙蓉彙聞《あふよういぶん》』には、
英国東洋艦隊《えいこくとうようかんたい》の威力《いりょく》が書《か》いてあり、
清国軍《しんこくぐん》のみじめな負《ま》け方《かた》が、
清国《しんこく》の軍人《ぐんじん》や文化人《ぶんかじん》によってくわしく報告《ほうこく》され、

戦争《せんそう》のすべてが記録《きろく》されていた。
英国兵《えいこくへい》数百人《すうひゃくにん》の戦死《せんし》に対《たい》し、
清国兵《しんこくへい》の死者《ししゃ》は二万《まん》に達《たっ》したという惨憺《さんたん》たる結果《けっか》、

そしてなによりも、

「香港《ホンコン》一島《いっとう》が、大英君主《だいえいくんしゅ》のものとなった」

という記述《きじゅつ》に、日本人《にほんじん》は震《ふる》えあがった。

これを対外危機感《たいがいききかん》という。

やがて象山《しょうざん》と深《ふか》い関《かか》わりを持《も》つようになる
長州藩《ちょうしゅうはん》の学者《がくしゃ》・吉田松陰《よしだしょういん》も嘉永《かえい》三(一八五〇)年《ねん》、
九州《きゅうしゅう》の平戸《ひらど》で『阿芙蓉彙聞《あふよういぶん》』を読《よ》んで、
大《おお》きな衝撃《しょうげき》をうけた。

江戸《えど》で発刊《はっかん》されたこの本《ほん》が平戸《ひらど》に伝《つた》わるまでには数年《すうねん》を要《よう》しただろうが、江戸《えど》にいた佐久間象山《さくましょうざん》が、和訳《わやく》されるまでもなく原書《げんしょ》を読《よ》んだのは、ずっとはやい時期《じき》だったにちがいない。敏感《びんかん》な彼《かれ》は、アヘン戦争《せんそう》の情報《じょうほう》をキャッチしたとたんに、強《つよ》い危機感《ききかん》を抱《いだ》いたのだった。

吉田松陰《よしだしょういん》はアヘン戦争《せんそう》からの対外危機感《たいがいききかん》で、時代《じだい》をさきがける思想家《しそうか》としての行動《こうどう》を開始《かいし》した。佐久間象山《さくましょうざん》の思想《しそう》もここで決定《けってい》されるが、彼《かれ》の場合《ばあい》は、現実《げんじつ》に対処《たいしょ》する具体的《ぐたいてき》な行動《こうどう》に情熱《じょうねつ》を燃《も》やすことになる。
象山《しょうざん》は思《おも》う。
「いずれ日本《にほん》にも触手《しょくしゅ》をのばしてくるであろう欧米列強《おうべいれっきょう》に
抵抗《ていこう》するためには、
彼《かれ》らの先進文明《せんしんぶんめい》を学《まな》びとらねばならない」
それは『阿芙蓉彙聞《あふよういぶん》』と同時《どうじ》に、
清国《しんこく》から伝《つた》えられた
『聖武記付録《しょうぶきふろく》』という本《ほん》にも書《か》いてある。
清国軍《しんこくぐん》の魏源《ぎげん》という将軍《しょうぐん》が書《か》いたもので、
アヘン戦争《せんそう》の終《お》わった
道光《どうこう》二十二(天保《てんぽう》十三)年《ねん》に書《か》かれている。
ヨーロッパ製《せい》の新式兵器《しんしきへいき》と戦《たたか》った

最初《さいしょ》の経験《けいけん》をつづった実戦記録《じっせんきろく》だ。
そのなかに、こう書《か》かれている。
「それ外夷《がいい》を制馭《せいぎょ》する者《もの》は、かならず、まず夷情《いじょう》を洞《うかが》う」
外圧《がいあつ》（外国《がいこく》からの圧力《あつりょく》）を防《ふせ》ぐためには、
まず彼《かれ》らの先進文明《せんしんぶんめい》を知《し》らなければならないという意味《いみ》だ。
イギリス軍《ぐん》と戦《たたか》って、
その兵力《へいりょく》の差《さ》を痛感《つうかん》した清国軍人《しんこくぐんじん》の痛切《つうせつ》な叫《さけ》びである。
象山《しょうざん》の弟子《でし》・吉田松陰《よしだしょういん》は「夷情《いじょう》を洞《うかが》う」ために、
アメリカやヨーロッパに渡《わた》って
進《すす》んだ文明《ぶんめい》の状況《じょうきょう》をじっさいに見《み》てくることを思《おも》いたった。
象山《しょうざん》は、欧米《おうべい》の近代科学《きんだいかがく》をたしかめ、
日本人《にほんじん》たる自分《じぶん》の手《て》でつくりだそうと思《おも》いたった。

# 大塩平八郎《おおしおへいはちろう》の乱《らん》

象山《しょうざん》が許《ゆる》されて江戸《えど》に出《で》たのは、二十三歳《さい》の天保《てんぽう》四（一八三三）年《ねん》だった。松代藩《まつしろはん》で江戸《えど》遊学《ゆうがく》の学資《がくし》を藩士《はんし》に支給《しきゅう》したのは、象山《しょうざん》が最初《さいしょ》である。彼《かれ》に対《たい》する藩主《はんしゅ》真《さな》田《だ》幸貫《ゆきつら》の期待《きたい》がいかに大《おお》きかったかがわかる。

江戸《えど》では、大儒《たいじゅ》として名《な》の高《たか》い佐藤一斎《さとういっさい》の門《もん》にはいった。そのころ儒学《じゅがく》には、陽明学《ようめいがく》と朱子学《しゅしがく》の二派《ふたは》があった。

「寛政異学《かんせいいがく》の禁《きん》」というのは、寛政《かんせい》二（一七九〇）年《ねん》、幕府《ばくふ》が朱子学《しゅしがく》以外《いがい》の儒学《じゅがく》を禁止《きんし》したことをさす。佐藤一斎《さとういっさい》は、表向《おもてむ》き朱子学《しゅしがく》を教《おし》えていたが、内心《ないしん》では陽明学《ようめいがく》に共鳴《きょうめい》していたので、ときにはそれが言葉《ことば》としてあらわれることがあった。

陽明学《ようめいがく》は「知行合一《ちこうごういつ》」をモットーとし、理論《りろん》と行動《こうどう》の一致《いっち》を説《と》く。幕府《ばくふ》はその陽明学《ようめいがく》を危険視《きけんし》したのである。

しかし、子《こ》どものときから一貫《いっかん》して朱子学《しゅしがく》を学《まな》んできた象山《しょうざん》は、師《し》の一斎《いっさい》が裏側《うらがわ》で陽明《ようめい》学《がく》にかたむいているのが許《ゆる》せなかった。

「剣術《けんじゅつ》のうえでは、相手《あいて》が藩主《はんしゅ》であろうと、勝《か》ちをゆずるべきではない。道理《どうり》のうえでも子弟《してい》の別《べつ》はない。学説《がくせつ》がちがっている以上《いじょう》、先生《せんせい》であろうとも服従《ふくじゅう》しない」

象山《しょうざん》はそういって一斎《いっさい》を批判《ひはん》し、

「儒学《じゅがく》では先生《せんせい》の教授《きょうじゅ》をうけませんから、文章《ぶんしょう》と詩文《しぶん》だけ教《おし》えてください」

といった。

しかし象山《しょうざん》は山田方谷《やまだほうこく》とともに「佐門《さもん》（佐藤一斎《さとういっさい》の門下《もんか》）の二傑《にけつ》」といわれる存在《そんざい》だった。一斎《いっさい》にとっては異色《いしょく》の弟子《でし》である。

江戸《えど》に出《で》て三年後《ねんご》の天保《てんぽう》七年《ねん》、ふるさとの松代《まつしろ》に帰《かえ》った。その年《とし》は春《はる》から雨《あめ》の日《ひ》が多《おお》く、気温《きおん》も低《ひく》かったので農作物《のうさくぶつ》のできがわるく、食糧《しょくりょう》が不足《ふそく》して人々《ひとびと》は飢《う》えに苦《くる》しんでいた。

藩《はん》の役人《やくにん》は、ただ傍観《ぼうかん》するばかりだったので、象山《しょうざん》は藩《はん》の倉庫《そうこ》を開《ひら》いて窮民《きゅうみん》（困窮《こんきゅう》した藩民《はんみん》）に米《こめ》をほどこすべきだと藩政府《はんせいふ》に申《もう》し出《で》た。しかし、藩《はん》の倉庫《そうこ》も空《から》っぽに近《ちか》いとわかって、象山《しょうざん》は藩《はん》の御用商人《ごようしょうにん》・八田嘉右衛門《はったかえもん》を訪《たず》ね、

「お金《かね》を儲《もう》けるばかりが商人《しょうにん》の道《みち》ではあるまい。もともとは大勢《おおぜい》の人々《ひとびと》からあつめた金《かね》ではないか。こんなときこそ貯《た》めたものをはき出《だ》しなさい。人間《にんげん》として立派《りっぱ》なことをしてい

れば、自分《じぶん》がこまったとき、だれかがたすけてくれるものだ」

と、熱心《ねっしん》に説《と》いた。

「わかりました。わたしの店《みせ》の米蔵《こめぐら》を開《ひら》きましょう」

嘉右衛門《かえもん》が頷《うなず》くのを見《み》て、象山《しょうざん》はさらにいった。

「あなたが藩民《はんみん》にほどこしたとなれば、なにもできなかった藩《はん》の立場《たちば》がない。米《こめ》は藩《はん》に収《おさ》め、藩《はん》の手《て》で分配《ぶんぱい》するがよい。それがおくゆかしい行為《こうい》というものだ。黙《だま》っていても、いつかは八田嘉右衛門《はったかえもん》が私財《しざい》を投《な》げ出《だ》したことを、人《ひと》が知《し》るようになる」

「先生《せんせい》のおっしゃるとおりにいたしましょう」

嘉右衛門《かえもん》はこころよく承知《しょうち》して、貯蔵《ちょぞう》していた米《こめ》や塩《しお》を放出《ほうしゅつ》して藩《はん》に献上《けんじょう》した。

このとき施《ほどこ》しをうけた者《もの》は、一日《いちにち》に二千人《せんにん》に達《たっ》したという。

飢饉《ききん》は全国的《ぜんこくてき》なもので、翌年《よくねん》も各地《かくち》に窮民《きゅうみん》があふれた。大坂《おおさか》では大塩平八郎《おおしおへいはちろう》が、門下生《もんかせい》を指揮《しき》して大商人《だいしょうにん》の店《みせ》などを打《う》ち壊《こわ》し、金《かね》や食糧《しょくりょう》を奪《うば》い、困窮《こんきゅう》した人々《ひとびと》に分配《ぶんぱい》するという事件《じけん》が発生《はっせい》した。

大塩平八郎《おおしおへいはちろう》は大坂町奉行所《おおさかまちぶぎょうしょ》の退職与力《たいしょくよりき》で、陽明学《ようめいがく》の塾《じゅく》を開《ひら》いていた有名《ゆうめい》な学者《がくしゃ》だった。

飢《う》えた人《ひと》が道路《どうろ》で、のたれ死《じ》にするほどの惨状《さんじょう》を、幕府《ばくふ》が傍観《ぼうかん》しているのを怒《いか》り、豪商《ごうしょう》を襲《おそ》う過激《かげき》な行動《こうどう》を起《お》こしたのだ。

幕兵《ばくへい》が出動《しゅつどう》し、追《お》いつめられて平八郎《へいはちろう》は自殺《じさつ》して騒《さわ》ぎはおさまった。これが大塩平八郎《おおしおへいはちろう》の乱《らん》である。幕末《ばくまつ》の社会不安《しゃかいふあん》を象徴《しょうちょう》する事件《じけん》として記憶《きおく》された。

象山《しょうざん》は「天地万物《てんちばんぶつ》の法則《ほうそく》をわきまえず、自分《じぶん》の心《こころ》ばかりを正《ただ》しいと信《しん》じ、物事《ものごと》のあり方《かた》を正《ただ》そうとする陽明学派《ようめいがくは》の跳《は》ねあがり行為《こうい》だ」と、いきなり直接行動《ちょくせつこうどう》に走《はし》った平八郎《へいはちろう》らの危険《きけん》な行動《こうどう》を非難《ひなん》した。

そして『学政意見書《がくせいいけんしょ》』を藩《はん》に提出《ていしゅつ》した。学校《がっこう》を建《た》てて朱子学《しゅしがく》を中心《ちゅうしん》とする教育《きょういく》を盛《さか》んにしなければいけないと意見《いけん》を述《の》べているが、藩《はん》の財政《ざいせい》もゆたかではなかったので、すぐには実現《じつげん》しなかった。しかし、これは藩主幸貫《はんしゅゆきつら》の心《こころ》をうごかし、後年《こうねん》、松代藩文武学校《まつしろはんぶんぶがっこう》の創《そう》立《りつ》にむすびつく。

たしかに松代《まつしろ》で御用商人《ごようしょうにん》を説《と》き諭《さと》した象山《しょうざん》のやり方《かた》と平八郎《へいはちろう》のやり方《かた》は、朱子学《しゅしがく》と陽明《ようめい》学《がく》のちがいというべきだろうが、物事《ものごと》はそう単純《たんじゅん》ではない。

大塩平八郎《おおしおへいはちろう》の乱《らん》は、情報《じょうほう》として全国《ぜんこく》にひろがり、各地《かくち》の農民一揆《のうみんいっき》を刺激《しげき》したりもした。後世《こうせい》、この乱《らん》をもって明治維新《めいじいしん》のスタートと見《み》る歴史研究家《れきしけんきゅうか》もいる。それはともかくとして、大塩平八郎《おおしおへいはちろう》の乱《らん》は幕府役人《ばくふやくにん》の無策《むさく》、そして幕政《ばくせい》の乱《みだ》れに対《たい》して最初《さいしょ》にあらわれた民衆《みんしゅう》の抗議《こうぎ》行動《こうどう》というほどの意味《いみ》はあったのである。

象山《しょうざん》はふたたび江戸《えど》行《ゆ》きの計画《けいかく》を立《た》て、藩《はん》に許可《きょか》を願《ねが》い出《で》た。彼《かれ》が風雲《ふううん》をもとめて、騒然《そうぜん》とした空気《くうき》の立《た》ちこめる大都会《だいとかい》に羽《は》ばたいたのは、社会不安《しゃかいふあん》に揺《ゆ》れうごく時代《じだい》の様相《ようそう》を急速《きゅうそく》に深《ふか》めようとしている天保《てんぽう》十(一八三九)年《ねん》、二十九歳《さい》のときである。

# 海防八策《かいぼうはっさく》

江戸《えど》に出《で》た象山《しょうざん》は、神田阿玉《かんだおたま》が池《いけ》に「象山書院《しょうざんしょいん》」という儒学塾《じゅがくじゅく》を開《ひら》いた。もう自分《じぶん》で人《ひと》に教《おし》えるまで、彼《かれ》の学問《がくもん》は進《すす》んでいた。象山《しょうざん》という雅号《がごう》（本名以外《ほんみょういがい》につける別名《べつめい》・号《ごう》）を使《つか》いはじめたのはこのころといわれるが、同時《どうじ》に修理《しゅり》とも名《な》のった。

（佐久間修理《さくましゅり》と呼《よ》ばれることも多《おお》かったが、一般《いっぱん》には象山《しょうざん》の号《ごう》がよく知《し》られているので、ここでは佐久間象山《さくましょうざん》に統一《とういつ》する）

象山《しょうざん》は塾《じゅく》で弟子《でし》たちに講義《こうぎ》しながら、佐藤一斎《さとういっさい》のところにも通《かよ》って詩文《しぶん》の勉強《べんきょう》にも励《はげ》んだが、五両《りょう》五人扶持《にんぶち》という給料《きゅうりょう》では思《おも》うように学問《がくもん》の修業《しゅぎょう》ができない。そこで象山《しょうざん》は、

「以前《いぜん》、佐久間家《さくまけ》がもらっていた禄高百石《ろくだかひゃっこく》にもどしてもらいたい」

と、藩《はん》に願《ねが》い出《で》た。

藩主幸貫《はんしゅゆきつら》はさっそくそうしてやりたいと思《おも》ったが、他《た》の藩士《はんし》とのつりあいも考《かんが》えなければならない。それに象山《しょうざん》の日《ひ》ごろからの尊大《そんだい》な態度《たいど》に、反感《はんかん》を抱《いだ》いている者《もの》も多《おお》い。

「象山《しょうざん》は疵《きず》のある男《おとこ》だが、天下《てんか》の英雄《えいゆう》だから、いつか役《やく》に立《た》つ」と、象山《しょうざん》を高《たか》く評価《ひょうか》していた幸貫《ゆきつら》は、彼《かれ》になにか手柄《てがら》を立《た》てさせようと、四書《ししょ》（儒学《じゅがく》の大《だい》学《がく》・中庸《ちゅうよう》・論語《ろんご》・孟子《もうし》）の訓点《くんてん》（漢文《かんぶん》を読《よ》みやすくするために、原文《げんぶん》に文字《もじ》や返《かえ》り点《てん》などを書《か》きくわえる）を命《めい》じた。

弘化《こうか》元《がん》（一八四四）年《ねん》、象山《しょうざん》が『四書経註旁釈《ししょきょうちゅうぼうしゃく》』として、立派《りっぱ》にそれをやりとげたので、幸貫《ゆきつら》はその褒美《ほうび》として禄百石《ろくひゃっこく》をあたえることにした。象山《しょうざん》が存分《ぞんぶん》に活動《かつどう》できたのは、藩主《はんしゅ》の理解《りかい》と後《うし》ろ楯《だて》のおかげだった。

象山《しょうざん》が二度目《どめ》に江戸《えど》へ出《で》た天保《てんぽう》十年《ねん》といえば、清国《しんこく》でアヘン戦争《せんそう》が起《お》こった年《とし》だ。漠然《ばくぜん》としたものだが、対外危機感《たいがいききかん》が日本国内《にほんこくない》にみなぎった。

二年後《ねんご》の天保《てんぽう》十二年《ねん》、松代藩主《まつしろはんしゅ》・真田幸貫《さなだゆきつら》は老中《ろうじゅう》になって幕閣入《ばっかくい》りした。いまでいう大《だい》臣《じん》として内閣《ないかく》にはいったことが、象山《しょうざん》の立身《りっしん》にも大《おお》きく関《かか》わってくるのである。

その年《とし》、九州《きゅうしゅう》から江戸《えど》に出《で》てきた高島秋帆《たかしましゅうはん》が、徳丸原《とくまるがはら》（現在《げんざい》の東京都板橋区《とうきょうといたばしく》）で大砲《たいほう》を使《つか》った洋式調練《ようしきちょうれん》（西洋式軍事訓練《せいようしきぐんじくんれん》）をやり、江戸《えど》の人々《ひとびと》をおどろかせた。

さらに天保《てんぽう》十三年《ねん》、老中真田幸貫《ろうじゅうさなだゆきつら》は幕府《ばくふ》の海防係《かいぼうがかり》となった。現在《げんざい》の防衛庁長官《ぼうえいちょうちょうかん》にあたる重職《じゅうしょく》についた幸貫《ゆきつら》は、佐久間象山《さくましょうざん》に海防係顧問《かいぼうがかりこもん》の役《やく》を命《めい》じた。

象山《しょうざん》はただちに、かねてから考《かんが》えていた日本《にほん》の海防策《かいぼうさく》を書《か》いた意見書《いけんしょ》を幸貫《ゆきつら》に提出《ていしゅつ》した。海防係《かいぼうがかり》といってもなにをしてよいかわからない殿様《とのさま》にとって、それは大《おお》いに役立《やくだ》つものであり、しかもアヘン戦争《せんそう》の次《つぎ》に、日本《にほん》が欧米植民地主義《おうべいしょくみんちしゅぎ》の標的《ひょうてき》にされることが予見《よけん》される対外的《たいがいてき》な状況《じょうきょう》を、的確《てきかく》につかんだ海防策《かいぼうさく》だったのである。

象山《しょうざん》はその『海防八策《かいぼうはっさく》』で、次《つぎ》のようなことを述《の》べている。

①諸国《しょこく》の海岸《かいがん》の要所《ようしょ》に砲台《ほうだい》を築《きず》くこと。

②オランダ交易《こうえき》でわが国《くに》の銅《どう》が大量《たいりょう》に流出《りゅうしゅつ》している。これをやめて国防《こくぼう》のための大砲製《たいほうせい》作《さく》にむけるべきだ。

③国内《こくない》の物資《ぶっし》をはこぶ回船《かいせん》がよく難破《なんぱ》するのは、大船建造禁止令《たいせんけんぞうきんしれい》によって、小舟《こぶね》しか、つくれないからだ。西洋《せいよう》に習《なら》って、じょうぶで大《おお》きな船《ふね》をつくって海運業《かいうんぎょう》を盛《さか》んにしなければならない。

④海運《かいうん》の取《と》り締《し》まりをきびしくし、異国人《いこくじん》との通商《つうしょう》はもちろん、国内《こくない》の取《と》り引《ひ》きにも不《ふ》正《せい》のないように監視《かんし》する。

⑤西洋《せいよう》に習《なら》い軍艦《ぐんかん》をつくって海軍《かいぐん》を編成《へんせい》し、海戦《かいせん》の訓練《くんれん》を実施《じっし》すること。

⑥学校《がっこう》を興《おこ》して、田舎《いなか》の隅々《すみずみ》までも教育《きょういく》を普及《ふきゅう》しなければならない。

⑦賞罰《しょうばつ》をあきらかにする。

⑧武士《ぶし》の法《ほう》を興《おこ》し、きびしい規則《きそく》によって藩民《はんみん》の模範《もはん》となる人材《じんざい》を養成《ようせい》しなければならない。

大船建造《たいせんけんぞう》、海軍《かいぐん》の編成《へんせい》など象山《しょうざん》のこの献策《けんさく》（はかりごとを上《うえ》の者《もの》に申《もう》し述《の》べる）は、当時《とうじ》、まだだれもいい出《だ》さなかったことである。

このなかで象山《しょうざん》は「西洋《せいよう》に習《なら》う」ことをしきりに強調《きょうちょう》しているが、自分自身《じぶんじしん》、西洋《せいよう》のことはあまり知《し》らないのだった。

「これでは、いかん」

象山《しょうざん》は、にわかに新《あたら》しい軍事知識《ぐんじちしき》を学《まな》ぶ必要《ひつよう》を感《かん》じた。彼《かれ》はまず砲術《ほうじゅつ》を勉強《べんきょう》しようと思《おも》い、当時《とうじ》砲術家《ほうじゅつか》として有名《ゆうめい》だった江川坦庵《えがわたんあん》（通称太郎左衛門《つうしょうたろうざえもん》）が、幕府《ばくふ》の許可《きょか》を得《え》て江戸湾《えどわん》をのぞむ芝《しば》に「高島流洋式砲術教授《たかしまりゅうようしきほうじゅつきょうじゅ》」を開《ひら》くと知《し》り、さっそくそこにはいることにした。

入門《にゅうもん》するためには師《し》に贈《おく》り物《もの》をする。この入門料《にゅうもんりょう》を束脩《そくしゅう》という。象山《しょうざん》が差《さ》し出《だ》した束脩《そくしゅう》を、江川太郎左衛門《えがわたろうざえもん》は、翌日送《よくじつおく》り返《かえ》してきた。入門《にゅうもん》おことわりというのである。

象山《しょうざん》はふたたび太郎左衛門《たろうざえもん》のところへ行《い》き、入門《にゅうもん》を願《ねが》い出《で》たが玄関払《げんかんばら》いをくわされた。そこで松代藩主真田幸貫《まつしろはんしゅさなだゆきつら》は、藩士《はんし》に命《めい》じて象山《しょうざん》の入門《にゅうもん》を許《ゆる》すよう太郎左衛門《たろうざえもん》に頼《たの》んだが、やはりだめだという。高島流洋式砲術《たかしまりゅうようしきほうじゅつ》は秘法《ひほう》であり、めったに人《ひと》には教《おし》えられないというのだ。

老中《ろうじゅう》をつとめる真田幸貫《さなだゆきつら》の家臣《かしん》の入門《にゅうもん》を拒否《きょひ》するとは、けしからぬことである。幸貫《ゆきつら》は事《こと》を荒立《あらだ》てないために、懇意《こんい》にしている勘定奉行《かんじょうぶぎょう》の川路聖謨《かわじとしあきら》に斡旋《あっせん》を依頼《いらい》し、やっと入門《にゅうもん》が許《ゆる》された。

外圧《がいあつ》という重大《じゅうだい》な時局《じきょく》に砲術《ほうじゅつ》の伝授《でんじゅ》を気軽《きがる》に教《おし》えない秘密主義《ひみつしゅぎ》を、象山《しょうざん》は内心《ないしん》で笑《わら》ったが、とにかく江川《えがわ》の塾《じゅく》で西洋砲術《せいようほうじゅつ》を習《なら》うことにした。

このとき松代藩《まつしろはん》から象山《しょうざん》のほかに十人《にん》が入門《にゅうもん》し、さらに数十人《すうにん》がつづいて入門《にゅうもん》している。なぜ象山《しょうざん》の入門《にゅうもん》だけを太郎左衛門《たろうざえもん》は、しぶったのだろうか。

ずいぶん丁重《ていちょう》な態度《たいど》をとったつもりだが、太郎左衛門《たろうざえもん》は尊大《そんだい》な象山《しょうざん》の人柄《ひとがら》を見《み》ぬいたのか、あるいは象山《しょうざん》に関《かん》する世間《せけん》のうわさを聞《き》いていたのかもしれない。

入門《にゅうもん》してみると、江川塾《えがわじゅく》では門弟《もんてい》たちのからだを鍛《きた》えるのだといって、山歩《やまある》きなどをさせ、砲術《ほうじゅつ》そのものをあまり教《おし》えようとしない。

象山《しょうざん》の不満《ふまん》の虫《むし》が、むくむくと頭《あたま》をもたげはじめる。

「われわれは、飛脚《ひきゃく》になる訓練《くんれん》をうけにきたのではありませんぞ。砲術《ほうじゅつ》を教《おし》えてくださらんか」

「砲術《ほうじゅつ》は野戦《やせん》の兵法《へいほう》だ。砲台《ほうだい》を築《きず》くこともしなければならん。心身《しんしん》を鍛練《たんれん》することがまずたいせつだから、文句《もんく》をいわずにがんばりなさい」

「いったい、いつになったら砲術《ほうじゅつ》を教《おし》えていただけるのですか」

「まあ三年《ねん》か五年《ねん》はかかると思《おも》ってもらおう」

「三年《ねん》か五年《ねん》！」

象山《しょうざん》はあっけにとられた。

象山《しょうざん》の目《め》から見《み》れば、太郎左衛門《たろうざえもん》は高島秋帆《たかしましゅうはん》から、西洋砲術《せいようほうじゅつ》を伝授《でんじゅ》されただけで、たいした学識《がくしき》があるわけではない。

しかも伝書《でんしょ》（秘伝《ひでん》を記《しる》した書《しょ》）を後生大事《ごしょうだいじ》に守《まも》って、なかなか、かなえてくれそうにないのは、出《だ》し惜《お》しみしているとしか思《おも》えないのだ。

そのころ太郎左衛門《たろうざえもん》は、反射炉《はんしゃろ》を築《きず》いて鉄《てつ》を溶《と》かし、鉄製《てっせい》の大砲《たいほう》をつくることを研究《けんきゅう》していた。大砲《たいほう》は青銅《せいどう》で鋳造《ちゅうぞう》するのが普通《ふつう》だった。青銅《せいどう》は、銅《どう》と錫《すず》の合金《ごうきん》である。これらの金属《きんぞく》は貴重《きちょう》なもので、製作費《せいさくひ》が高価《こうか》だから、鉄《てつ》の大砲《たいほう》をつくる研究《けんきゅう》がヨーロッパでは進《すす》み、すでにアームストロング砲《ほう》という鉄製《てっせい》の大砲《たいほう》が出現《しゅつげん》している。

清国《しんこく》を攻《せ》めたイギリスの軍艦《ぐんかん》が装備《そうび》しているのは、命中率《めいちゅうりつ》も高《たか》く、射程距離《しゃていきょり》の長《なが》いこのアームストロング砲《ほう》だった。日本《にほん》にはまだ伝《つた》えられてこない。鉄《てつ》を溶《と》かす反射炉《はんしゃろ》さえも、手《て》さぐりの試作《しさく》がはじまったばかりだ。江川太郎左衛門《えがわたろうざえもん》がそれをやっているのは、すばらしいことだと思《おも》う。

できれば反射炉《はんしゃろ》の成功《せいこう》を見《み》とどけたいのだが、砲術家《ほうじゅつか》として一生《いっしょう》を終《お》わるつもりはないのだから、そんなのんびりしたことはしておれない。断然《だんぜん》、太郎左衛門《たろうざえもん》のもとを去《さ》ることにした。

江川塾《えがわじゅく》を去《さ》った象山《しょうざん》は、砲術家《ほうじゅつか》の下曽根《しもそね》金三郎《きんざぶろう》の門《もん》にはいった。幕府《ばくふ》の鉄砲組頭《てっぽうくみがしら》だった金三郎《きんざぶろう》は、江川《えがわ》がなかなか見《み》せてくれなかった高島流《たかしまりゅう》の小銃《しょうじゅう》や大砲《たいほう》に関《かん》する伝書《でんしょ》や資料《しりょう》を惜《お》しげもなく見《み》せてくれた。万事開放主義《ばんじかいほうしゅぎ》で、貴重《きちょう》な写本数冊《しゃほんすうさつ》を貸《か》してくれた。

象山《しょうざん》はそれを写《うつ》しとったのだが、西洋流砲術《せいようりゅうほうじゅつ》といっても日本人《にほんじん》による聞《き》き書《が》きで、翻訳《ほんやく》の意味《いみ》が不明《ふめい》で納得《なっとく》いかない部分《ぶぶん》も多《おお》く、あまり実用性《じつようせい》があるものでもなかった。

砲術《ほうじゅつ》にかぎらず西洋《せいよう》の軍事知識《ぐんじちしき》は、むこうから渡《わた》ってきた原書《げんしょ》を直接読《ちょくせつよ》むに、こしたことはないのだと気《き》づいた。ただその原書《げんしょ》なるものが容易《ようい》に入手《にゅうしゅ》できない。

「こんなとき、渡辺崋山《わたなべかざん》がいてくれたらなあ」

と、象山《しょうざん》は思《おも》った。絵《え》を描《えが》く趣味《しゅみ》を持《も》っていた象山《しょうざん》は、画家《がか》でもあった崋山《かざん》と交際《こうさい》していた。崋山《かざん》から水墨画《すいぼくが》をもらったこともある。その彼《かれ》から蘭学《らんがく》を習《なら》おうとは、思《おも》っても見《み》なかったことが、いまさら悔《く》やまれた。

まえにも述《の》べたように田原藩《たはらはん》の武士《ぶし》だった崋山《かざん》は、幕府《ばくふ》の対外政策《たいがいせいさく》を批判《ひはん》する著書《ちょしょ》を出《だ》して咎《とが》められ、国許《くにもと》に送《おく》られて蟄居《ちっきょ》となり、天保《てんぽう》十二（一八四一）年《ねん》に自殺《じさつ》したのだった。

それで象山《しょうざん》は、崋山《かざん》とともに親《した》しくしていた蘭学者《らんがくしゃ》・坪井信道《つぼいしんどう》を訪《たず》ねた。信道《しんどう》は、蘭医《らんい》（オランダ医学医《いがくい》）である。美濃《みの》の人《ひと》だが、長州藩《ちょうしゅうはん》の侍医《じい》をつとめていた。信道《しんどう》の門下《もんか》には、長州藩《ちょうしゅうはん》の洋式兵術家《ようしきへいじゅつか》・大村益次郎《おおむらますじろう》や、慶応義塾《けいおうぎじゅく》を興《おこ》した福沢諭吉《ふくざわゆきち》らに蘭学《らんがく》を教《おし》えた緒《お》方洪庵《がたこうあん》がいる。

そのとき、いろいろ話《はな》しているうちに、

「近《ちか》ごろめずらしい書物《しょもつ》を手《て》にいれたが、わたしには無用《むよう》な軍事書《ぐんじしょ》なので、あんたに、あげよう」

と、信道《しんどう》は一冊《いっさつ》の洋書《ようしょ》を象山《しょうざん》に贈《おく》った。それはオランダの砲術書《ほうじゅつしょ》である。むろんならんでいる横文字《よこもじ》はチンプンカンプンだが、大砲《たいほう》や小銃《しょうじゅう》の図面《ずめん》がたくさん載《の》っている。それを見《み》ただけでも、下曽根《しもそね》金三郎《きんざぶろう》の持《も》っている西洋砲術書《せいようほうじゅつしょ》よりずっとくわしい内容《ないよう》であることがわかった。

象山《しょうざん》は飛《と》びあがるほどよろこんだが、オランダ語《ご》を知《し》らないのでは、宝《たから》の持《も》ち腐《ぐさ》れだ。兵器《へいき》の図解《ずかい》がすらすら読《よ》めたら、どんなにすばらしいことか。

「どうか、わたしにオランダ語《ご》を教《おし》えてください」

象山《しょうざん》が頼《たの》むと、信道《しんどう》から、

「いまは新《あたら》しく弟子《でし》をとるつもりはない」と、ことわられてしまった。

「また嫌《きら》われたか」

がっかりしている象山《しょうざん》に信道《しんどう》がいった。

「わたしの門下《もんか》に、ちょうどよい人物《じんぶつ》がいる。黒川良安《くろかわりょうあん》がよかろう。彼《かれ》は、幼少《ようしょう》のころから長崎《ながさき》で蘭学《らんがく》を修《おさ》めてきたが、漢学《かんがく》をあまりやっていないので、たがいに交換教授《こうかんきょうじゅ》したらどうですか」

「それはありがたい」

象山《しょうざん》がのり気《き》をしめし、黒川良安《くろかわりょうあん》も承知《しょうち》したので、さっそくふたりによるオランダ語《ご》と朱子学《しゅしがく》の交換教授《こうかんきょうじゅ》がはじまった。

（本人《ほんにん》が「まさやす」と自分《じぶん》の名《な》、良安《りょうあん》にふりがなをふっているので、そう読《よ》むのが正《ただ》しいと、大平喜間多《おおひらきまた》『佐久間象山《さくましょうざん》』には書《か》いてあるが、医者《いしゃ》らしく「りょうあん」という一般《いっぱん》の呼《よ》び方《かた》に従《したが》うことにする）

良安《りょうあん》は漢学《かんがく》こそやっていないが、医学《いがく》のほかに博物《はくぶつ》（動植物《どうしょくぶつ》や鉱物《こうぶつ》・地質《ちしつ》などを研究《けんきゅう》する総合的《そうごうてき》な学問《がくもん》）・天文《てんもん》・歴史《れきし》・兵書《へいしょ》・数学《すうがく》などの知識《ちしき》もかなりたくわえている。象山《しょうざん》にとっては、じつに幸運《こううん》な出会《であ》いだった。

良安《りょうあん》の非凡《ひぼん》な才能《さいのう》を知《し》った象山《しょうざん》は、ぜひ松代藩《まつしろはん》に仕《つか》えないかとさそった。良安《りょうあん》は武士《ぶし》の身分《みぶん》を持《も》っていなかったので、それまでも大名家《だいみょうけ》に仕《つか》えても陪臣《ばいしん》（藩士《はんし》より身分《みぶん》が低《ひく》い家来《らい》）のあつかいだったので、身《み》をしりぞいて江戸《えど》に出《で》てきたのだった。

象山《しょうざん》は藩主幸貫《はんしゅゆきつら》の許可《きょか》を得《え》て、良安《りょうあん》を約百石《やくひゃっこく》の禄高《ろくだか》で松代藩《まつしろはん》に招《まね》こうとしたが、おなじころ加賀藩《かがはん》からの強《つよ》いさそいを、義理《ぎり》ある人《ひと》の仲介《ちゅうかい》で持《も》ちこまれた。結局《けっきょく》、松代藩《まつしろはん》より低《ひく》い禄高《ろくだか》で加賀藩《かがはん》のほうをうけることになったのは、のちの話《はなし》である。

とにかく黒川良安《くろかわりょうあん》を師《し》とする象山《しょうざん》のオランダ語学習《ごがくしゅう》は、猛烈《もうれつ》な勢《いきお》いで進《すす》んだ。阿玉《おたま》が池《いけ》の象山書院《しょうざんしょいん》に良安《りょうあん》が、毎日足《まいにちあし》をはこんでオランダ語《ご》を教《おし》え、象山《しょうざん》が彼《かれ》に漢学《かんがく》を教《おし》えるという日《ひ》がつづいた。

そのあいだ、象山《しょうざん》の睡眠時間《すいみんじかん》は一日《いちにち》二時間《じかん》という必死《ひっし》の努力《どりょく》で、普通《ふつう》は一年《いちねん》かかるといわれるオランダ語《ご》文法《ぶんぽう》を、およそ二カ月間《げつかん》でマスターし、良安《りょうあん》をおどろかせた。

## 魔法《まほう》の箱《はこ》ショメルの『百科辞書《ひゃつかじしょ》』

どうやらオランダ語《ご》を読《よ》めるようになった象山《しょうざん》は、辞書《じしょ》をたよりに次々《つぎつぎ》と蘭書《らんしょ》（オランダ語《ご》の本《ほん》）を読《よ》もうとするのだが、日本《にほん》にはいってくる異国《いこく》の書物《しょもつ》はすくなく、高価《こうか》でもあったので思《おも》うようにはいかなかった。それでも象山《しょうざん》の書斎《しょさい》には、いつのまにか横文字《よこもじ》の本《ほん》が積《つ》まれるようになる。

象山《しょうざん》が読《よ》んだ蘭書《らんしょ》のおもなもので、ゾンメルの『宇宙記《うちゅうき》』というのがある。これは、天文《てんもん》・地理《ちり》・物理《ぶつり》などを書《か》いたもので、地球《ちきゅう》が太陽《たいよう》のまわりを公転《こうてん》しているという地動説《ちどうせつ》など、象山《しょうざん》の科学《かがく》知識《ちしき》の基本《きほん》はこれでやしなわれたのである。

象山《しょうざん》が読《よ》んだ蘭書《らんしょ》で特筆《とくひつ》すべきものは、ショメルの『百科辞書《ひゃつかじしょ》』である。『百科全書《ひゃつかぜんしょ》』ともいわれ、生物《せいぶつ》・物理《ぶつり》・化学《かがく》・地理学《ちりがく》・医学《いがく》などの知識《ちしき》を総合《そうごう》し、あらゆる科目《かもく》にわたる知識《ちしき》をあつめ、これを部門別《ぶもんべつ》あるいはアルファベット順《じゅん》などで配列《はいれつ》した書物《しょもつ》だ。当時《とうじ》きわめて貴重《きちょう》とされた本《ほん》で、こんにちのエンサイクロペディア（encyclopaedia）『百科事典《ひゃつかじてん》』

の原型《げんけい》をなすものだ。

世界《せかい》最初《さいしょ》の百科辞典《ひゃっかじてん》は、一七五一～七二年《ねん》、フランスのディドロ、およびダランベール監修《かんしゅう》のもとに刊行《かんこう》された『大百科全書《だいひゃっかぜんしょ》』だとされているが、じつはそれより六十年《ねん》ばかりもまえにショメルが出《だ》していたのだった。

ショメルは十七世紀末《せいきまつ》から十八世紀《せいき》にかけて活躍《かつやく》したフランスの学者《がくしゃ》で、『経済辞典《けいざいじてん》』なども編纂《へんさん》したが、もともとは牧師《ぼくし》で、三十年間《ねんかん》をかけて百科辞書《ひゃっかじしょ》を編纂《へんさん》し、一七〇九年《ねん》にパリで出版《しゅっぱん》した。

これがその後《ご》の百科全書《ひゃっかぜんしょ》の手本《てほん》ともなった。そしてディドロやダランベールによって、『大百科全書《だいひゃっかぜんしょ》』は完成《かんせい》した。

人文科学《じんぶんかがく》、自然科学《しぜんかがく》の全知識《ぜんちしき》を網羅《もうら》した百科辞書《ひゃっかじしょ》の出現《しゅつげん》は、その時代《じだい》に大《おお》きな衝撃《しょうげき》をあたえた。産業技術《さんぎょうぎじゅつ》の普及《ふきゅう》ばかりでなく、啓蒙思想《けいもうしそう》にむすびつき、ついにはフランス革命《かくめい》の思想的準備《しそうてきじゅんび》に大《おお》きな役割《やくわり》を果《はた》したといわれている。

ショメルの『百科辞書《ひゃっかじしょ》』はオランダに渡《わた》って翻訳《ほんやく》されたものが、日本《にほん》にはいってきて、のちには『厚生新編《こうせいしんぺん》』の題《だい》で和訳《わやく》されるが、容易《ようい》に入手《にゅうしゅ》できる本《ほん》ではなく、象山《しょうざん》はオランダ語《ご》の原書《げんしょ》で読破《どくは》した。

静電気《せいでんき》の発生装置《はっせいそうち》などもくわしく図解《ずかい》されており、それを参考《さんこう》にして個人《こじん》でつくることもできる。大《おお》きなものでは大砲《たいほう》などの兵器《へいき》についても、くわしく載《の》っている。

オランダ語《ご》のショメルの『百科辞書《ひゃっかじしょ》』は、十七巻《かん》、図版《ずはん》十一巻《かん》、補遺《ほい》五巻《かん》という大著《たいちょ》だ。四十両《りょう》という高価《こうか》な洋書《ようしょ》で、現代《げんだい》の金額《きんがく》にするとおよそ四百万円《ひゃくまんえん》である。象山《しょうざん》が買《か》えるわけもないから、藩主《はんしゅ》の幸貫《ゆきつら》に願《ねが》い出《で》た。

「そんなに高《たか》い本《ほん》か」と、おどろく幸貫《ゆきつら》に、

「松代藩《まつしろはん》にとっても、これは絶対役《ぜったいやく》に立《た》ちますから、買《か》っておいて無駄《むだ》にはなりません。ぜひにも……」

と、象山《しょうざん》はそれがどのような価値《かち》のあるものかを、まくしたてた。

象山《しょうざん》の熱心《ねっしん》な願《ねが》いをいれて、ついに幸貫《ゆきつら》はお手元金《てもときん》(機密費《きみつひ》)から支出《ししゅつ》し、ショメルの『百科辞書《ひゃっかじしょ》』を買《か》うことにした。

「殿様《とのさま》にかわいがられているのをよいことに、藩《はん》の金《かね》を浪費《ろうひ》するけしからん男《おとこ》だ」

冷《つめ》たい視線《しせん》が象山《しょうざん》にむけられるのだが、本人《ほんにん》はいっこうに気《き》にせず、辞書《じしょ》を頼《たよ》りに百科《ひゃっか》辞書《じしょ》を読《よ》みふけった。いまでいうカルチャー・ショックの毎日《まいにち》である。そのうちに実験《じっけん》にとりかかった。

「書《しょ》を読《よ》んで知識《ちしき》をためこむばかりではだめだ。じっさいにやってみなければ、役《やく》には立《た》たない。それがサイエンスというものだ」

象山《しょうざん》は門人《もんじん》たちを使《つか》って、阿玉《おたま》が池《いけ》の屋敷《やしき》の庭《にわ》に焼《や》き物窯《ものがま》のようなものを築《きず》き、ガラスの製造《せいぞう》に成功《せいこう》、ついにはオランダ渡《わた》りのギヤマンと見《み》まがうばかりのガラス器《き》をつくって人々《ひとびと》をおどろかせた。弘化元《こうかがん》(一八四四)年《ねん》七月《がつ》のことである。

そのころ象山《しょうざん》は、数《かず》すくない理解者《りかいしゃ》のひとりである松代藩《まつしろはん》の重臣《じゅうしん》・藤岡甚右衛門《ふじおかじんえもん》に宛《あ》てて次《つぎ》のような意味《いみ》の手紙《てがみ》を出《だ》している。

ギヤマンの製造《せいぞう》は、これまで日本《にほん》でも種々《しゅじゅ》こころみた者《もの》がいますが、ビードロに泡《あわ》などを生《しょう》じ、やはり日本《にほん》ではできないといわれてきました。

おなじ人間《にんげん》ですから、西洋人《せいようじん》にできて日本人《にほんじん》にできないはずはないのです。問題《もんだい》は硝石《しょうせき》を溶《と》かすための高熱《こうねつ》を発生《はっせい》させる窯《かま》のつくり方《かた》で、わたしは百科辞書《ひゃっかじしょ》に従《したが》って、大窯《おおがま》を築《きず》きましたところ必要《ひつよう》な火力《かりょく》を得《え》たうえ、泡《あわ》の問題《もんだい》も解決《かいけつ》しました。

できあがったガラスの器物《きぶつ》を、弟子《でし》に命《めい》じて江戸《えど》のビードロ屋《や》に持《も》って行《い》かせ、見《み》せたところ「これはオランダのグルーン・ガラスだ」と鑑定《かんてい》したそうです。

日本《にほん》でもできるのです。松代藩《まつしろはん》でギヤマンをつくれば、財政《ざいせい》の足《た》しになるのではありませんか。

象山《しょうざん》は百科辞書《ひゃっかじしょ》から、いろいろなものをつくり出《だ》した。

「今度《こんど》は、ガルバニセスコックマシーネをつくるぞ」

「それはいかなるものでございますか」

門人《もんじん》たちは、好奇《こうき》の目《め》を輝《かがや》かせる。

「衝動機《しょうどうき》、つまり電気医療機《でんきいりょうき》である。これは、讃岐《さぬき》の平賀源内《ひらがげんない》や大坂《おおさか》の橋本曇斎《はしもとどんさい》がつくったらしいが、彼《かれ》らのは摩擦電気《まさつでんき》（静電気《せいでんき》）によるのだが、わたしのは電池《でんち》を使《つか》う新《あたら》しいものだ」

衝動機《しょうどうき》は筋肉《きんにく》に微電流《びでんりゅう》を流《なが》して、ピリピリと患部《かんぶ》に刺激《しげき》をあたえ、痛《いた》みや疲《つか》れをとる医《い》療器《りょうき》で、原理《げんり》は現代医療《げんだいいりょう》にも応用《おうよう》されている。

象山《しょうざん》は、すでに電池《でんち》もつくっていたのだ。電池《でんち》は一八〇〇(寛政十二《かんせい》)年《ねん》、イタリアのボルタが発明《はつめい》した。アルカリ・塩類《えんるい》の水溶液《すいようえき》に異《こと》なる種類《しゅるい》の金属板《きんぞくばん》を立《た》てると、電流《でんりゅう》が発生《はっせい》する。これがボルタ電池《でんち》である。

象山《しょうざん》が生《う》まれる十一年《ねん》もまえに電池《でんち》は発明《はつめい》されているのだが、鎖国《さこく》の日本《にほん》にはそんな初《しょ》歩的《ほてき》な科学技術《かがくぎじゅつ》もヨーロッパから伝《つた》わってきていないのである。

文明《ぶんめい》からとりのこされた日本人《にほんじん》にとって、ショメルの『百科辞書《ひゃっかじしょ》』は、不思議《ふしぎ》な未知《みち》の世界《せかい》を詰《つ》めこんだ魔法《まほう》の箱《はこ》だった。

# 豚《ぶた》を食《た》べよう

象山《しょうざん》が西洋文明《せいようぶんめい》の研究《けんきゅう》に没頭《ぼっとう》しているうち、江戸《えど》を離《はな》れなければならない状況《じょうきょう》がやってきた。藩主幸貫《はんしゅゆきつら》が老中《ろうじゅう》をやめて帰国《きこく》することになったからである。象山《しょうざん》はそのまま江戸《えど》にいたいのだが、藩主《はんしゅ》に従《したが》わないわけにはいかない。

弘化《こうか》三(一八四六)年閏《ねんうるう》五月《がつ》、象山《しょうざん》は帰国《きこく》した。

たくさんの書物《しょもつ》をはじめショメルの『百科辞書《ひゃっかじしょ》』によってつくりかけた機械類《きかいるい》など、象山《しょうざん》の引《ひ》っ越《こ》し荷物《にもつ》は人一倍多《ひといちばいおお》いのだが、かわったものでは数頭《すうとう》の豚《ぶた》がいる。これも百科辞書《ひゃっかじしょ》で教《おし》えられた養豚《ようとん》の実験《じっけん》だった。

日本人《にほんじん》は獣肉《じゅうにく》をほとんど食《た》べず、動物性《どうぶつせい》タンパク質《しつ》は魚《さかな》から摂取《せっしゅ》していた。西洋人《せいようじん》は牛《うし》や豚《ぶた》などの肉《にく》を食《た》べる。そのほうが力《ちから》がつく。体格《たいかく》も大《おお》きくなる。

「これからは豚《ぶた》を食《く》うべし。美味《おい》しいぞ」

象山《しょうざん》は自分《じぶん》でも食《た》べ、門人《もんじん》たちにもすすめて肉食《にくしょく》をはじめていたのである。

佐久間家《さくまけ》の屋敷《やしき》ではそのような荷物《にもつ》を収容《しゅうよう》することができない。そこで藩《はん》に願《ねが》い出《で》て、城下《じょうか》の伊勢町《いせまち》にある「お使者屋《ししゃや》」という藩《はん》の空家《あきや》に、住居《じゅうきょ》を定《さだ》めることにした。敷地《しきち》が広《ひろ》いので、豚《ぶた》を飼《か》うにはもってこいだった。

象山《しょうざん》は、農民《のうみん》に養豚業《ようとんぎょう》をすすめるかたわら、馬鈴薯《ばれいしょ》の栽培《さいばい》を教《おし》えた。農民《のうみん》たちの貧《まず》しい生活《せいかつ》をうるおすために、新《あたら》しい知識《ちしき》を活《い》かそうとしたのだ。

松代領内《まつしろりょうない》でもとくに沓野《くつの》・佐野《さの》・湯田中《ゆだなか》の三村《そん》は、土地《とち》が痩《や》せており、人々《ひとびと》は苦《くる》しい毎《まい》日《にち》を送《おく》っている。象山《しょうざん》はここで馬鈴薯《ばれいしょ》を栽培《さいばい》したらどうかと思《おも》ったのだ。

ナス科《か》の多年草《たねんそう》、南米北部《なんべいほくぶ》アンデス山系《さんけい》の高地《こうち》、ペルー地域《ちいき》が原産地《げんさんち》。十六世紀《せいき》のはじめ、インカを侵略《しんりゃく》したスペイン人《じん》が本国《ほんごく》に伝《つた》え、それがヨーロッパにひろがって、ひろく栽培《さいばい》されドイツ、東欧諸国《とうおうしょこく》で重要《じゅうよう》な食糧《しょくりょう》となった。

日本《にほん》には、十七世紀《せいき》のはじめジャワのジャガトラ港《こう》から長崎《ながさき》に伝《つた》えられたのがはじめで、ジャガタライモ、ジャガイモの名《な》はそこからきている。

荒《あ》れ地《ち》での栽培《さいばい》にも適《てき》しているので、飢饉《ききん》のときの作物《さくもつ》として知《し》られるようになったが、一般的《いっぱんてき》な食物《しょくもつ》としては、まだあまり普及《ふきゅう》していないころだった。

象山《しょうざん》は、江戸《えど》から持《も》ち帰《かえ》ったジャガタライモの本格的《ほんかくてき》な栽培《さいばい》を、松代《まつしろ》ではじめようとして、まずは土地《とち》の貧弱《ひんじゃく》な沓野《くつの》・佐野《さの》・湯田中《ゆだなか》からとりかかることにしたのだ。藩主幸貫《はんしゅゆきつら》は象山《しょうざん》に「三ケ村利用係《みつかむらりようがかり》」の役目《やくめ》につかせ、計画《けいかく》を進《すす》めさせた。

城下《じょうか》から沓野村《くつのむら》まで三十二キロの道《みち》を、象山《しょうざん》は得意《とくい》の馬《うま》を走《はし》らせて、毎日通《まいにちかよ》って村民《そんみん》を監督《かんとく》した。

馬鈴薯《ばれいしょ》を植《う》えただけでなく、山《やま》には紙《かみ》の原料《げんりょう》となる楮《こうぞ》の木《き》などの植林《しょくりん》、平地《へいち》では養豚《ようとん》、薬草《やくそう》の栽培《さいばい》などもやらせた。付近《ふきん》には温泉《おんせん》もあるので泉質《せんしつ》を調《しら》べ、その薬効《やっこう》をたしかめて病気治療《びょうきちりょう》に役立《やくだ》つ温泉《おんせん》の利用《りよう》をすすめたりした。

寒暖計《かんだんけい》などもショメルの『百科辞書《ひゃっかじしょ》』で、つくっていたのである。江戸《えど》で手《て》にいれた懐中時計《かいちゅうどけい》、望遠鏡《ぼうえんきょう》をいつも携帯《けいたい》していたほか、手製《てせい》の鉛筆《えんぴつ》を使《つか》っていた。

象山《しょうざん》が帰国《きこく》するまえ、お別《わか》れをいいにきた勝麟太郎《かつりんたろう》に、

「君《きみ》にこれを進呈《しんてい》しよう」

と、書斎《しょさい》にかかげていた「海舟書屋《かいしゅうしょおく》」の額《がく》を、記念《きねん》に贈《おく》った。

「わたしは、日本《にほん》に海軍《かいぐん》をつくりたいのだ。今度帰国《こんどきこく》すると、いつ江戸《えど》にもどれるかわからない。君《きみ》は幕臣《ばくしん》だから、わたしの志《こころざし》を継《つ》いで、海軍創設《かいぐんそうせつ》の計画《けいかく》を進《すす》めてもらいたい」

「わかりました。かならず、なしとげましょう」

勝《かつ》はそのときから「海舟《かいしゅう》」の号《ごう》を使《つか》いはじめた。

幕末《ばくまつ》の英傑《えいけつ》「勝海舟《かつかいしゅう》」の誕生《たんじょう》である。

# 電池《でんち》・電信機《でんしんき》をつくる

村《むら》の殖産《しょくさん》（産業《さんぎょう》を盛《さか》んにする）に意欲《いよく》を燃《も》やす一方《いっぽう》では、あいかわらずショメルの『百《ひゃっ》科辞書《かじしょ》』を身辺《しんぺん》から離《はな》さず、いろいろな機械《きかい》の実験《じっけん》の手《て》もやすめなかった。また藩《はん》に意見《いけん》書《しょ》を出《だ》して、明礬《みょうばん》、火薬《かやく》、葡萄酒《ワイン》などを松代《まつしろ》の特産物《とくさんぶつ》にする計画《けいかく》を立《た》てたこともある。

明礬《みょうばん》は、染《そ》め物《もの》・製革《せいかく》・製紙《せいし》などに必要《ひつよう》な硫酸《りゅうさん》アルミニウムとアルカリ金属《きんぞく》で、象山《しょうざん》は松代《まつしろ》の土《つち》にその原料《げんりょう》となる明礬石《みょうばんせき》がふくまれているので、工業化《こうぎょうか》させようというのである。

藩主幸貫《はんしゅゆきつら》はおもしろいと思《おも》ったが、重臣《じゅうしん》たちは雲《くも》をつかむような話《はなし》に大事《だいじ》な藩費《はんぴ》を使《つか》うことに反対《はんたい》し、実現《じつげん》にはいたらなかった。明礬《みょうばん》にかぎらず、硝石《しょうせき》を採集《さいしゅう》して火薬《かやく》を生産《せいさん》すること、新《あたら》しい筆記具《ひっきぐ》としての鉛筆《えんぴつ》を大量《たいりょう》につくって全国《ぜんこく》に売《う》り出《だ》すこと、ブドウを栽培《さいばい》して西洋流《せいようりゅう》の酒《さけ》をつくる計画《けいかく》など、すべてにぎりつぶされてしまった。

提唱《ていしょう》が実現《じつげん》したのは植林《しょくりん》だけで、佐野《さの》から志賀高原《しがこうげん》にいたる山林地帯《さんりんちたい》が、象山《しょうざん》の業績《ぎょうせき》を現代《げんだい》に伝《つた》えている。

固陋《ころう》(古《ふる》いことに頑固《がんこ》に執着《しゅうちゃく》し、新《あたら》しいものを嫌《きら》うこと)な重臣《じゅうしん》たちに邪魔《じゃま》され、藩《はん》のためにと思《おも》いついた殖産事業《しょくさんじぎょう》の計画《けいかく》は、ことごとくつぶされてしまった。

弘化《こうか》四(一八四七)年《ねん》三月《がつ》、信州《しんしゅう》から越後《えちご》にかけて大地震《だいじしん》が発生《はっせい》した。震源地《しんげんち》に近《ちか》い松代《まつしろ》では、山《やま》くずれのため犀川《さいかわ》の水《みず》がせきとめられたので、象山《しょうざん》は地雷火《じらいか》で大岩《おおいわ》をくだき、水《みず》を通《とお》すことを藩《はん》に進言《しんげん》したが、「地雷火《じらいか》を使《つか》うとは、とんでもないことだ」と、とりあげられなかった。

せきとめられた水《みず》は、大雨《おおあめ》が降《ふ》って激流《げきりゅう》となり堰《せき》をやぶって氾濫《はんらん》し、大《おお》きな災害《さいがい》をもたらすことにもなった。万事《ばんじ》この調子《ちょうし》で、象山《しょうざん》の提案《ていあん》はすべて、しりぞけられてしまう。どこか違《ちが》う星《ほし》からやってきた異邦人《いほうじん》を見《み》るような目《め》を、松代《まつしろ》の人々《ひとびと》は象山《しょうざん》にむけるのである。

時代《じだい》を先《さき》どりした人《ひと》の言動《げんどう》は、いつの時代《じだい》も世《よ》にむかえられないのだ。くやしく孤独《こどく》な思《おも》いに耐《た》えながら、象山《しょうざん》はひたすら科学実験《かがくじっけん》に没頭《ぼっとう》した。

象山《しょうざん》の科学実験《かがくじっけん》は、人々《ひとびと》をおどろかせたが、小麦粉《こむぎこ》と砂糖《さとう》を使《つか》った西洋菓子《せいようがし》などは、ずいぶんよろこばれた。ビスケットのようなものだったろう。酒好《さけず》きの人《ひと》は象山《しょうざん》がつくった葡萄酒《ワイン》で異国《いこく》の酔《よ》い心地《ごこち》を味《あじ》わった。

そのほかにも魔法《まほう》のような西洋《せいよう》の文物《ぶんぶつ》を松代《まつしろ》の人々《ひとびと》が目撃《もくげき》したのは、電信機《でんしんき》の実験《じっけん》の時《とき》だった。ショメルの『百科辞書《ひゃっかじしょ》』によって電池《でんち》をつくった象山《しょうざん》は、それを使《つか》って電信機《でんしんき》をつくったのである。

お使者屋敷《ししゃやしき》から五十メートル先《さき》の地点《ちてん》まで、絹《きぬ》で巻《ま》いた針金《はりがね》を電線《でんせん》とするモールス信号《しんごう》の実験《じっけん》に成功《せいこう》した。電線《でんせん》を長《なが》くすれば、松代《まつしろ》から江戸《えど》まででも信号《しんごう》を伝《つた》えることができると聞《き》いて、だれもが仰天《ぎょうてん》した。

アメリカのモールスが電信機《でんしんき》を発明《はつめい》したのは、一八二三(文政六《ぶんせい》)年《ねん》だから、ショメルの『百科辞書《ひゃっかじしょ》』に電信機《でんしんき》が載《の》っているわけはないから、これは象山《しょうざん》が入手《にゅうしゅ》した別《べつ》の文献《ぶんけん》によったのかもしれない。

とにかく象山《しょうざん》があつめ、読《よ》みあさった洋書《ようしょ》は、書斎《しょさい》に置場《おきば》がないほどたまった。そのうえ大《おお》きな地球儀《ちきゅうぎ》、天体望遠鏡《てんたいぼうえんきょう》、写真機《しゃしんき》までが所狭《ところせま》しと置《お》いてあった。

天文《てんもん》・地理《ちり》・物理《ぶつり》・医学《いがく》に関《かん》する書籍《しょせき》のほかには、ナポレオン戦争《せんそう》の時《とき》、プロシアの将《しょう》軍《ぐん》だったカール・フォン・デッカーが書《か》いた戦術書《せんじゅつしょ》までも読《よ》みこなしていたのだった。

# 松代本《まつしろぼん》「オランダ語辞典《ごじてん》」を出版《しゅっぱん》するぞ

象山《しょうざん》はオランダ語《ご》の本《ほん》を読《よ》むとき、オランダ語辞書《ごじしょ》「道富《ヅーフ》ハルマ」を使《つか》ったのだが、日本人《にほんにん》がつくった不正確《ふせいかく》な写本《しゃほん》で苦労《くろう》することが多《おお》かった。

当時《とうじ》、権威《けんい》のあるオランダ語《ご》の辞書《じしょ》は、二種類出《しゅるいで》ていた。ひとつは「江戸《えど》ハルマ」、もうひとつが「道富《ヅーフ》ハルマ」である。

ハルマは波留麻《はるま》と書《か》くが、オランダ人《じん》の名《な》だ。フランソワ・ハルマが編纂《へんさん》した蘭日辞典《らんにちじてん》(オランダ語《ご》―日本語《にほんご》)を、寛政《かんせい》八(一七九六)年《ねん》、稲村三伯《いなむらさんぱく》・宇田川玄随《うだがわげんずい》らが編訳《へんやく》した。これを「江戸《えど》ハルマ」という。

「道富《ヅーフ》ハルマ」は、文化《ぶんか》十三(一八一六)年《ねん》、オランダ商館長《しょうかんちょう》ヅーフ(H. Doeff)が編纂《へんさん》したもので、三部《ぶ》しかない。洋学者《ようがくしゃ》たちは、それを写《うつ》しとったり、借《か》りて利用《りよう》したが、まちがいの多《おお》い写本《しゃほん》が数十両《すうりょう》で売《う》られ、しかも入手困難《にゅうしゅこんなん》だった。

象山《しょうざん》は使《つか》いこなした「道富《ヅーフ》ハルマ」を校訂《こうてい》(古書《こしょ》などの本文《ほんぶん》を、他《た》の本《ほん》とくらべ合《あわ》せ、まちがいを見《み》つけ、手《て》をいれて正《ただ》すこと）し、新《あたら》しいオランダ語辞典全《ごじてんぜん》十数巻《すうかん》を、完成《かんせい》させた。

和紙《わし》に鵞《が》ペン（鵞鳥《がちょう》の羽《はね》でつくったペン）を使《つか》って、丹念《たんねん》な努力《どりょく》で仕《し》あげた新《あたら》しいオランダ語辞書《ごじしょ》の原稿《げんこう》の山《やま》をながめているうちに、象山《しょうざん》はあることを思《おも》いついた。

これを松代本《まつしろぼん》『増訂和蘭語彙《ぞうていオランダごい》』と名《な》づけて出版《しゅっぱん》し、日本全国《にほんぜんこく》に売《う》り出《だ》すという大計画《だいけいかく》である。これから大勢《おおぜい》の日本人《にほんじん》が洋書《ようしょ》を読《よ》むためには、本格的《ほんかくてき》な辞書《じしょ》が必要《ひつよう》だと痛感《つうかん》していたこと、そしてこの辞書《じしょ》は高価《こうか》で売《う》れるにちがいないから、松代藩《まつしろはん》の困難《こんなん》な財政《ざいせい》をたすけることにもなる。

「一石二鳥《いっせきにちょう》の名案《めいあん》ではないか」

象山《しょうざん》は大《おお》はりきりで、出版計画《しゅっぱんけいかく》を練《ね》りはじめた。

まず五百部《ひゃくぶ》を印刷《いんさつ》する。江戸《えど》の版元《はんもと》に問《と》い合《あ》わせてみると、そのためには千《せん》二百両《ひゃくりょう》の資《し》金《きん》が必要《ひつよう》だということがわかった。現代《げんだい》ならおよそ一億《おく》二千万円《せんまんえん》の大金《たいきん》である。むろん象《しょう》山個人《ざんこじん》の力《ちから》では無理《むり》な話《はなし》だから、藩主《はんしゅ》に援助《えんじょ》を願《ねが》い出《で》た。

「わたしの俸禄《ほうろく》（給料《きゅうりょう》）を担保《たんぽ》に、出版資金《しゅっぱんしきん》を貸《か》していただきたい」

返済《へんさい》できなかったら、俸禄《ほうろく》を没収《ぼっしゅう》されてもよいというのである。象山《しょうざん》の禄高《ろくだか》は百石《ひゃっこく》だから、単純《たんじゅん》に計算《けいさん》すれば年収一千万円《ねんしゅういっせんまんえん》だ。つまり、十二年間《ねんかん》の給料《きゅうりょう》を担保《たんぽ》にするというのであった。

このときの象山《しょうざん》の出版計画《しゅっぱんけいかく》を利益《りえき》の面《めん》から計算《けいさん》すると、仮《かり》に『増訂和蘭語彙《ぞうていオランダごい》』一《いっ》セットを三十両《りょう》で五百部《ひゃくぶ》売れば、一万五千両《まんせんりょう》の売《う》りあげとなる。資金《しきん》は千《せん》二百両《ひゃくりょう》だから諸経費《しょけいひ》をひいても、ざっと一万両《まんりょう》（一両《りょう》十万円《まんえん》として十億円《おくえん》）の利益《りえき》が藩《はん》にころがりこむ。需要《じゅよう》がふえて増刷《ぞうさつ》すれば、さらに巨額《きょがく》の利潤《りじゅん》を期待《きたい》できるだろう。

法外《ほうがい》な金額《きんがく》に思《おも》えるかもしれないが、象山《しょうざん》が校訂《こうてい》したオランダ語辞書《ごじしょ》の完成《かんせい》は、世界的《せかいてき》な文化事業《ぶんかじぎょう》だったのであり、これが松代藩《まつしろはん》の財政《ざいせい》をうるおしたとしても、ふさわしい対価《たいか》というべきであった。

しかし、そんなことを理解《りかい》できないガリガリ頭《あたま》の旧式人間《きゅうしきにんげん》は、やはりどこにもいるものだ。

「とんでもないことである。大《おお》ぼら吹《ふ》き佐久間象山《さくましょうざん》の夢《ゆめ》のような話《はなし》をだれが信《しん》じるか」と、家老《かろう》の小山田壱岐《おやまだいき》は、真《ま》っ先《さき》に反対《はんたい》した。

小山田《おやまだ》は、まえまえから象山《しょうざん》を毛嫌《けぎら》いしている松代人《まつしろじん》を代表《だいひょう》するような男《おとこ》で、象山《しょうざん》もまた、

「因循姑息《いんじゅんこそく》(古《ふる》いしきたりにこだわって、その場《ば》しのぎに終始《しゅうし》する)な、あの男《おとこ》が家老《かろう》とは笑《わら》わせる」

と、腹《はら》のなかで小山田《おやまだ》を小馬鹿《こばか》にしていたから、こんなとき、日《ひ》ごろのつきあいのわるさが障害《しょうがい》となってあらわれるのは、これも象山《しょうざん》の不徳《ふとく》のいたすところだろう。

小山田《おやまだ》家老《かろう》はいう。

「そんなものは百両《ひゃくりょう》もかけて五部《ぶ》か六部《ぶ》の写本《しゃほん》をつくり、みんなで利用《りよう》すればよいではないか。大金《たいきん》を投《とう》じて出版《しゅっぱん》など無用《むよう》のことだ。それに松代藩《まつしろはん》が異国《いこく》の辞書《じしょ》をつくって金儲《かねもう》けをするとあっては、他藩《たはん》への聞《き》こえもわるい。殿様《とのさま》の名誉《めいよ》を傷《きず》つけることになる」

「それは、ちがうぞ」

象山《しょうざん》は誇《ほこ》り高《たか》く、自信《じしん》たっぷりな語調《ごちょう》で、大要《たいよう》、次《つぎ》のような上書《じょうしょ》(意見《いけん》を書《か》いて藩主《はんしゅ》に差《さ》し出《だ》す書状《しょじょう》)を真田幸貫《さなだゆきつら》に宛《あ》てて提出《ていしゅつ》した。嘉永《かえい》二(一八四九)年《ねん》二月《がつ》のことだった。象山《しょうざん》、三十九歳《さい》の時《とき》である。

いま、日本《にほん》の周辺《しゅうへん》は異国《いこく》の勢力《せいりょく》にとりまかれています。なかでもイギリスはアジアへの野心《やしん》を研《と》いでおり、清朝《しんちょう》がこうむったアヘン戦争《せんそう》のような災難《さいなん》をのがれるためにも、国防《こくぼう》に力《ちから》をいれなくてはなりません。

されば「敵《てき》を知《し》り、おのれを知《し》る」という兵法《へいほう》の義《ぎ》をつとめるべく、彼《かれ》らの持《も》つ先進《せんしん》技術《ぎじゅつ》をとりいれる必要《ひつよう》があります。

これらのことは小人数《こにんずう》でなく、大勢《おおぜい》が力《ちから》をあわせなければなりません。いまや先進文明《せんしんぶんめい》の研究熱《けんきゅうねつ》は、にわかに高《たか》まりつつあります。先進技術《せんしんぎじゅつ》を学《まな》びとるためには、洋書《ようしょ》を読《よ》むことが大事《だいじ》ですが、わが国《くに》にはオランダ語辞書《ごじしょ》がわずかしかなく、学術《がくじゅつ》の進歩《しんぽ》をさまたげています。全国《ぜんこく》の学者《がくしゃ》たち、また学術振興《がくじゅつしんこう》をめざす藩《はん》は、それをほしがっているのです。

ここで、わが藩《はん》がオランダ語辞書《ごじしょ》を発売《はっばい》すれば、歓迎《かんげい》されるはずであり、全国《ぜんこく》六十余《よ》州《しゅう》に三百《びゃく》や五百《ひゃく》、いや五百《ひゃく》、七百部《ひゃくぶ》はたちまち売《う》りさばくことができます。これは単《たん》に藩財政《はんざいせい》をたすけるため利益《りえき》を追及《ついきゅう》する行為《こうい》にとどまらず、天下後世《てんかこうせい》に寄与《きよ》する大事業《だいじぎょう》で、国家《こっか》への有益《ゆうえき》な忠勤《ちゅうきん》となりましょう。

しかるに小山田壱岐殿《おやまだいきどの》は、ご家老職《かろうしょく》にありながら、そのような天下国家《てんかこっか》のことは考《かんが》えず、辞書《じしょ》は小部数《しょうぶすう》つくって、家中《かちゅう》で利用《りよう》すればよいではないかと、この計画《けいかく》に反対《はんたい》されています。

また壱岐殿《いきどの》は、江戸《えど》の蘭学者《らんがくしゃ》・箕作阮甫《みつくりげんぽ》が『和蘭文典《おらんだぶんてん》』など版行《はんこう》してもうけたのをうらやみ、今回《こんかい》の立案《りつあん》となったのだろうから他藩《たはん》から笑《わら》われ、殿様《とのさま》の人徳《じんとく》を傷《きず》つけるなどと申《もう》されているようです。

かかる学術《がくじゅつ》も知識《ちしき》もない人《ひと》の凡劣《ぼんれつ》（頭脳程度《ずのうていど》の低《ひく》い）な意見《いけん》が出《で》ることも、世《よ》の中《なか》にままあることですが、なにとぞ、そうした雑音《ざつおん》には耳《みみ》をかさず願《ねが》いをお聞《き》きとどけくださいますようお願《ねが》い申《もう》しあげます。

上書《じょうしょ》の文末《ぶんまつ》に、「わたくしは粗野《そや》な性質《せいしつ》で、言葉《ことば》を飾《かざ》らず率直《そっちょく》に申《もう》しあげたことは、お許《ゆる》しください」

と詫《わ》びている。

上書《じょうしょ》のなかで口《くち》ぎたなく特定《とくてい》の個人攻撃《こじんこうげき》をしているところに、象山《しょうざん》らしい人柄《ひとがら》があらわれているが、藩主《はんしゅ》の側近《そっきん》に仕《つか》える小山田壱岐《おやまだいき》が反対意見《はんたいいけん》を幸貫《ゆきつら》にふきこむのに、対抗《たいこう》するためでもあった。

しかし、強力《きょうりょく》な味方《みかた》もあらわれた。もうひとりの家老《かろう》・恩田頼母《おんだたのも》である。頼母《たのも》は、象山《しょうざん》の考《かんが》えに賛成《さんせい》し、オランダ語辞書版行《ごじしょはんこう》の大《おお》きな意義《いぎ》を説《と》いたので、幸貫《ゆきつら》は千《せん》二百両《ひゃくりょう》を象《しょう》山《ざん》に貸《か》すことを裁決《さいけつ》した。

このとき象山《しょうざん》が恩田頼母《おんだたのも》に宛《あ》てた借用書《しゃくようしょ》には、象山《しょうざん》の生真面目《きまじめ》な人柄《ひとがら》があらわれている。

（大要口語訳《たいようこうごやく》）

覚《おぼえ》

一金《きん》　千弐百両也《せんにひゃくりょうなり》

右《みぎ》は西洋詞書《せいようことばがき》ハルマ出版《しゅっぱん》につき、わたくしが頂戴《ちょうだい》している知行百石《ちぎょうひゃっこく》を担保《たんぽ》として藩《はん》より借用《しゃくよう》するものです。

これは来年《らいねん》から三年間《ねんかん》で全額返済《ぜんがくへんさい》いたします。万一《まんいち》、返済《へんさい》とどこおりのさいは、知行《ちぎょう》をひきあげられても、異議《いぎ》は申《もう》しません。

またわたくしの身《み》に異変《いへん》が生《しょう》じた場合《ばあい》は、親類《しんるい》どもからいかなる嘆願《たんがん》が出《で》ようとも、おとりすてください。以上後証《いじょうごしょう》のため、この証文《しょうもん》をさしあげます。

嘉永《かえい》二年《ねん》七月《がつ》

佐久間修理《さくましゅり》

恩田頼母殿《おんだたのもどの》

無事《ぶじ》、大金《たいきん》を手《て》にした象山《しょうざん》は、よろこび勇《いさ》んで『増訂和蘭語彙《ぞうていオランダごい》』の原稿《げんこう》を江戸《えど》にはこびこんだ。ただちに編集《へんしゅう》にとりかかり、その一方《いっぽう》で幕府《ばくふ》に出版《しゅっぱん》の許可《きょか》を願《ねが》い出《で》る。言論統制《げんろんとうせい》の時代《じだい》だから、本《ほん》を出《だ》すにもいちいち幕府《ばくふ》の認可《にんか》をうけなければならないのである。

国家《こっか》にも、有益《ゆうえき》なオランダ語辞書《ごじしょ》だ。簡単《かんたん》に許《ゆる》されるだろうという象山《しょうざん》の予想《よそう》は、あまかった。幕府《ばくふ》から待《ま》ったがかかったのだ。

## 挫折《ざせつ》

「そのような馬鹿《ばか》な話《はなし》があるか」

象山《しょうざん》は老中首座《ろうじゅうしゅざ》・阿部正弘《あべまさひろ》に宛《あ》てて、辞書《じしょ》の出版《しゅっぱん》を許可《きょか》してもらいたいと直訴《じきそ》するが、拒絶《きょぜつ》された。怒《いか》りくやしがって幕府《ばくふ》を非難《ひなん》したが、どうしようもない。

そのころから外国船《がいこくせん》の日本《にほん》接近《せっきん》がひんぱんになり、象山《しょうざん》が『増訂和蘭語彙《ぞうていオランダごい》』の原稿《げんこう》を持《も》って江戸《えど》へ出《で》た年《とし》には、イギリスの測量船《そくりょうせん》が浦賀《うらが》に渡来《とらい》し、さらに江戸湾《えどわん》にまではいりこんで測量《そくりょう》するということがあった。

異国《いこく》に対《たい》する警戒心《けいかいしん》をいちだんと強《つよ》めていたところへ、象山《しょうざん》がオランダ語《ご》の辞書《じしょ》を出版《しゅっぱん》したいと願《ねが》い出《で》たのだ。幕府《ばくふ》が「蘭書翻訳取締令《らんしょほんやくとりしまりれい》」を発《はっ》したのは、その直後《ちょくご》である。

徳川吉宗《とくがわよしむね》が八代将軍《だいしょうぐん》になった享保元《きょうほうがん》(一七一六)年《ねん》から、幕府《ばくふ》は西洋科学《せいようかがく》を奨励《しょうれい》し、産業《さんぎょう》政策《せいさく》を盛《さか》んにした。それまでタブーだった蘭学《らんがく》の研究《けんきゅう》が活発化《かっぱつか》した。

その後《ご》、一世紀《いっせいき》を経《へ》て、水野忠邦《みずのただくに》が老中《ろうじゅう》となった天保《てんぽう》五(一八三四)年《ねん》からはじまった天《てん》保《ぽう》の改革《かいかく》で、蘭学《らんがく》はしばらく受難時代《じゅなんじだい》にはいる。外国船《がいこくせん》の接近《せっきん》による危機感《ききかん》の高《たか》まりと、改革政策《かいかくせいさく》がむすびついて洋書《ようしょ》が危険視《きけんし》されはじめた。

水野《みずの》忠邦《ただくに》の腹心《ふくしん》として暗躍《あんやく》した幕府《ばくふ》の目付役《めつけやく》・鳥居耀蔵《とりいようぞう》は、蝮《まむし》・妖怪《ようかい》と呼《よ》ばれて恐《おそ》られたが、この男《おとこ》は大《だい》のオランダ嫌《ぎら》いだった。必要以上《ひつよういじょう》にきびしい洋書狩《ようしょが》りをはじめたのである。

そしてまえに述《の》べた「蛮社《ばんしゃ》の獄《ごく》」は、鳥居耀蔵《とりいようぞう》が摘発《てきはつ》した事件《じけん》である。蘭学者《らんがくしゃ》の渡辺崋《わたなべか》山《ざん》は自殺《じさつ》し、捕《と》らえられた高野長英《たかのちょうえい》は牢屋《ろうや》の火事《かじ》にまぎれて脱走《だっそう》し、全国《ぜんこく》を逃《に》げ歩《ある》いている。

江戸《えど》にまいもどった長英《ちょうえい》が、幕府《ばくふ》の役人《やくにん》に追《お》われて自決《じけつ》したのは、佐久間象山《さくましょうざん》が『増訂《ぞうてい》和蘭語彙《オランダごい》』の出版《しゅっぱん》を幕府《ばくふ》から蹴《け》られて、鬱々《うつうつ》としているころの嘉永《かえい》三（一八五〇）年《ねん》のことである。

蘭学《らんがく》を弾圧《だんあつ》した水野忠邦《みずのただくに》が、改革《かいかく》に失敗《しっぱい》して老中《ろうじゅう》を罷免《ひめん》された天保《てんぽう》十四（一八四三）年《ねん》から、蘭学《らんがく》への弾圧《だんあつ》はなくなり、逆《ぎゃく》に重要視《じゅうようし》されるようになった。外国《がいこく》への危機感《ききかん》が高《たか》まるにつれて、先進文明吸収《せんしんぶんめいきゅうしゅう》の必要《ひつよう》が認識《にんしき》されてきたからである。

それなのに象山《しょうざん》の『増訂和蘭語彙《ぞうていオランダごい》』の出版《しゅっぱん》を幕府《ばくふ》が許《ゆる》さず、「蘭書翻訳取締令《らんしょほんやくとりしまりれい》」を発《はっ》するという矛盾《むじゅん》はどうしたことだろう。

幕府《ばくふ》は洋書《ようしょ》を重要視《じゅうようし》すると同時《どうじ》に、それを統制《とうせい》して、民間人《みんかんじん》が自由《じゆう》にオランダ語辞書《ごじしょ》など出版《しゅっぱん》できないようにしたのだ。このころ洋書《ようしょ》を読《よ》む目的《もくてき》は軍事知識《ぐんじちしき》にかぎられていたが、それでも百科全書《ひゃっかぜんしょ》などは欧米《おうべい》の近代思想《きんだいしそう》の紹介《しょうかい》にもなるので、幕府《ばくふ》はそれを恐《おそ》れているのだった。

日本人《にほんじん》のオランダ語学習《ごがくしゅう》は、必要《ひつよう》に応《おう》じて英語《えいご》、フランス語《ご》にひろがっていく。水《みず》がしみこむようにはいってくる新《あたら》しい西洋《せいよう》の息吹《いぶき》をふせぎようもない。

幕府《ばくふ》はオランダの書物《しょもつ》のことを「蕃書《ばんしょ》」といった。蕃《ばん》とは未開《みかい》の異民族《いみんぞく》。蕃人《ばんじん》とは野蛮《やばん》人《じん》のことだ。蕃書《ばんしょ》は危険《きけん》な書物《しょもつ》だった。

このころ象山《しょうざん》の門下《もんか》となる長州《ちょうしゅう》の吉田松陰《よしだしょういん》は、後世《こうせい》、「明治維新《めいじいしん》のイデオローグ(イデオロギーの創始者《そうししゃ》)」といわれる人物《じんぶつ》だが、彼《かれ》はこのころすでにフランス革命《かくめい》やナポレオン戦争《せんそう》のことも知《し》っていた。幕政《ばくせい》を批判《ひはん》する松陰《しょういん》は、「フレーヘード」という言葉《ことば》を使《つか》ったオランダ語《ご》の「自由《じゆう》」という意味《いみ》である。松陰《しょういん》は「フレーヘードをとなえねば、腹《はら》の虫《むし》がおさまらない」などと手紙《てがみ》に書《か》いた。

おしよせる波《なみ》のように、日本列島《にほんれっとう》の岸《きし》を洗《あら》った洋書《ようしょ》もまた明治維新《めいじいしん》という大変革《だいへんかく》にいたる肥料《ひりょう》の役《やく》を果《は》たしたのだった。

幕府《ばくふ》によって『増訂和蘭語彙《ぞうていオランダごい》』の夢《ゆめ》をつぶされた象山《しょうざん》は、苦《くる》しい立場《たちば》に追《お》いやられた。出版《しゅっぱん》の準備《じゅんび》や江戸《えど》滞在費《たいざいひ》その他《た》で藩《はん》から借《か》りた金《かね》は減《へ》っていくばかりだ。反対《はんたい》した小山田《おやまだ》壱岐《いき》は、「それみたことか」と、あてつけに返済《へんさい》を督促《とくそく》して象山《しょうざん》をこまらせた。

「だから百石《ひゃっこく》の家禄《かろく》を担保《たんぽ》にしておる。騒《さわ》ぐでない」

ゆうゆうとした態度《たいど》で一蹴《いっしゅう》したが、負債《ふさい》が重《おも》く肩《かた》にのしかかっていたことはたしかである。それは終生《しゅうせい》、彼《かれ》につきまとい、これからわずか十四年後《ねんご》に暗殺《あんさつ》されるのだが、約束《やくそく》に従《したが》って家禄《かろく》、屋敷《やしき》ともに没収《ぼっしゅう》され、佐久間家《さくまけ》は断絶《だんぜつ》するのである。それは、あとの話《はなし》にしよう。

とにかく嘉永《かえい》三（一八五〇）年《ねん》の象山《しょうざん》は、元気《げんき》そのものだ。そのたくましいからだをそりかえらせて、大道《だいどう》をまっしぐらに進《すす》んでいく。さらに意欲《いよく》を燃《も》やし、『皇国同文鑑《こうこくどうぶんかん》』という辞書《じしょ》の編纂《へんさん》にとりかかった。それは、清朝《しんちょう》の『清文鑑《せいぶんかん》』『同文鑑統《どうぶんかんとう》』に習《なら》い、英《えい》・仏《ふっ》・露《ろ》・独《どく》・蘭《らん》の各国語《かっこくご》に対照《たいしょう》する大辞書《だいじしょ》である。

幕末《ばくまつ》のテクノクラート佐久間象山《さくましょうざん》は、自分《じぶん》こそが日本《にほん》を近代国家《きんだいこっか》にみちびく第《だい》一級《きゅう》の知《ち》識人《しきじん》だと誇《ほこ》らしげに自認《じにん》して、さらに活躍《かつやく》の場《ば》をひろげていった。

# 大砲《たいほう》を打《う》ちそこなって

嘉永《かえい》三年《ねん》四月《がつ》、象山《しょうざん》は三浦半島各地《みうらはんとうかくち》の砲台視察《ほうだいしさつ》にむかった。辞書出版《じしょしゅっぱん》挫折《ざせつ》の傷心《しょうしん》を癒《いや》す旅《たび》すがたのように見《み》る人《ひと》もいたが、それは象山《しょうざん》という人物《じんぶつ》の強靭《きょうじん》な性根《しょうね》を知《し》らない者《もの》のいうことだ。

三浦半島《みうらはんとう》に足《あし》をむけたのは、その周辺《しゅうへん》の海《うみ》に、外国船《がいこくせん》がひんぱんにあらわれていることを以前《いぜん》から気《き》にしていたからである。

幕府《ばくふ》は危機《きき》に対《たい》して内政《ないせい》の取《と》り締《し》まりを強《つよ》めることはしても、国防《こくぼう》のことはなにもしようとしない。

象山《しょうざん》は出版《しゅっぱん》とりやめで暇《ひま》ができたこのとき、すかさず三浦半島《みうらはんとう》の砲台《ほうだい》がどうなっているのかをたしかめに行《い》ったのだ。

象山《しょうざん》が見《み》た砲台《ほうだい》はひどいものだった。旧式《きゅうしき》のおもちゃのような大砲《たいほう》が、申《もう》し訳程度《わけていど》に据《す》えてあるだけで、とても欧米《おうべい》の軍艦《ぐんかん》に対応《たいおう》する守《まも》りとはいえない。アヘン戦争《せんそう》をはじめとするアジアの状況《じょうきょう》も他人事《たにんごと》みたいな緊張感《きんちょうかん》のなさに、あきれるのである。

象山《しょうざん》は松代《まつしろ》に帰《かえ》ると、怒《いか》りに震《ふる》えるばかりの筆《ふで》をとって、大要《たいよう》、次《つぎ》のような海防《かいぼう》の意見《いけん》書《しょ》を書《か》きあげて、藩主幸貫《はんしゅゆきつら》に提出《ていしゅつ》した。


いまの砲台《ほうだい》は築造《ちくぞう》が不完全《ふかんぜん》で、ものの役《やく》には立《た》たない。緊急《きんきゅう》に必要《ひつよう》なことは、浦賀港《うらがこう》を防衛拠点《ぼうえいきょてん》にすることだ。

三浦半島《みうらはんとう》は武略《ぶりゃく》にひいでて、ふさわしい兵力《へいりょく》を持《も》つ大名《だいみょう》の領地《りょうち》とし、海岸《かいがん》の警備《けいび》を担《たん》当《とう》させるべきだ。

江戸《えど》の防衛《ぼうえい》として、口径《こうけい》十八ポンド以上《いじょう》のカノン砲《ほう》（砲身《ほうしん》が長《なが》く、おもに射角《しゃかく》四十五度《ど》以下《いか》で低《ひく》い弾道《だんどう》による遠距離《えんきょり》射撃《しゃげき》に適《てき》した大砲《たいほう》）八十門《もん》をそなえる砲台《ほうだい》を品川沖《しながわおき》の洲《す》に築《きず》き、これに連携《れんけい》させて佃島前《つくだじままえ》の洲《す》にも砲台《ほうだい》を設置《せっち》して侵入《しんにゅう》した異国船《いこくせん》を挟撃《きょうげき》できるようにする。

また伊豆《いず》の大島《おおしま》から下田《しもだ》にいたる海岸《かいがん》のいずれかに、敵艦隊《てきかんたい》を駆逐《くちく》する西洋流《せいようりゅう》の海軍《かいぐん》基地《きち》を設置《せっち》する。

そのためには先進国《せんしんこく》に習《なら》う鋼鉄船《こうてつせん》を建造《けんぞう》しなければならない。

象山《しょうざん》の意見書《いけんしょ》を見《み》た幸貫《ゆきつら》は感心《かんしん》したが、彼《かれ》はもう老中《ろうじゅう》・海防係《かいぼうがかり》ではない。

「それを殿様《とのさま》から幕府《ばくふ》に差《さ》し出《だ》し、進言《しんげん》してくださりませぬか」

「いや、それはやめておこう」

と、幸貫《ゆきつら》は、のり気《き》を見《み》せなかった。象山《しょうざん》は幕府《ばくふ》から蘭書出版《らんしょしゅっぱん》を禁止《きんし》され、よろしくない目《め》をむけられている。この意見書《いけんしょ》が採用《さいよう》されることはないだろう。いまは静《しず》かにしておくのが身《み》のためだというのが幸貫《ゆきつら》の考《かんが》え方《かた》だ。

「ではそういたします」

象山《しょうざん》はひきさがったが、残念《ざんねん》でならない。いつか自分《じぶん》の意見《いけん》を幕府《ばくふ》にしめす時《とき》がくるだろうと、その機会《きかい》をねらっていた。

嘉永《かえい》三年《ねん》十一月《がつ》、象山《しょうざん》の名声《めいせい》を聞《き》いた松前藩《まつまえはん》が、数門《すうもん》の大砲鋳造《たいほうちゅうぞう》を依頼《いらい》してきた。快諾《かいだく》してオランダ人《じん》ベウセルの原書《げんしょ》を参考《さんこう》にした青銅砲《せいどうほう》を製作《せいさく》し、上総《かずさ》の姉ヶ崎《あねがさき》で試射《ししゃ》をおこなったところ、砲身《ほうしん》が破裂《はれつ》して怪我人《けがにん》を出《だ》してしまった。

鋳造《ちゅうぞう》のとき砲身《ほうしん》に鬆《す》（溶《と》けた金属《きんぞく》が鋳型《いがた》に流《なが》しこまれ、冷却《れいきゃく》して収縮《しゅうしゅく》するとき、金属内部《きんぞくないぶ》に生《しょう》ずることのある空洞部分《くうどうぶぶん》）ができたためだろうと思《おも》われた。

「大砲《たいほう》を打《う》ちそこなってべそをかき、あとの始末《しまつ》をなんとしようざん」

そんな狂歌《きょうか》を詠《よ》まれたりもしたが、嘲笑《ちょうしょう》とともに、象山《しょうざん》の名《な》がひろく世間《せけん》に知《し》れわたることにもなった。

## 爆発一声天地《ばくはついっせいてんち》を震《ふる》わす

松代藩《まつしろはん》でははやくから砲学局《ほうがくきょく》という部署《ぶしょ》をもうけて、砲術《ほうじゅつ》の研究《けんきゅう》を進《すす》めていた。儒学《じゅがく》を専攻《せんこう》していた象山《しょうざん》は、関係《かんけい》していなかったが、やがて江戸《えど》から帰藩《きはん》して砲術研究《ほうじゅつけんきゅう》に参加《さんか》し、たちまち指導者《しどうしゃ》の一員《いちいん》となる。

藩《はん》が五十ポンド砲《ほう》の鋳造《ちゅうぞう》を終《お》わったところだった。

「蘭人《らんじん》ベウセルの説《せつ》によると、あまり大《おお》きな大砲《たいほう》は移動《いどう》に不便《ふべん》だから、最近《さいきん》、洋人《ようじん》たちは比較的《ひかくてき》小《ち》さな二十四ポンド砲《ほう》、十八ポンド砲《ほう》、十二ポンド砲《ほう》、三ポンド砲《ほう》を中心《ちゅうしん》に鋳造《ちゅうぞう》しているという。わが藩《はん》でもそうあるべきだろう」

藩《はん》では象山《しょうざん》の意見《いけん》をいれて、三ポンドの野戦砲《やせんほう》一門《もん》、十二ポンド砲《ほう》二門《もん》、十三ポンド砲《ほう》三門《さんもん》を鋳造《ちゅうぞう》し道島《どうじま》で試射《ししゃ》をした。これがオランダ語《ご》の原書《げんしょ》により、日本人《にほんじん》が大砲《たいほう》をつくった最初《さいしょ》といわれている。

オランダの『歩兵調練書《ほへいちょうれんしょ》』を翻訳《ほんやく》した象山《しょうざん》の講義《こうぎ》にもとづいて、藩兵《はんぺい》の洋式訓練《ようしきくんれん》もはじまった。

洋式兵術家《ようしきへいじゅつか》としての象山《しょうざん》の名《な》はひろく知《し》られるようになった。出版計画《しゅっぱんけいかく》で江戸《えど》に出《で》たころから深川《ふかがわ》の藩邸《はんてい》で砲術《ほうじゅつ》を教《おし》えはじめ、これには松代藩士《まつしろはんし》だけでなく、幕臣《ばくしん》や他藩人《たはんじん》も入門《にゅうもん》を許《ゆる》したので、十数人《すうにん》があつまった。そのなかに幕臣《ばくしん》・勝麟太郎《かつりんたろう》もいる。のちの勝海舟《かつかいしゅう》である。

嘉永《かえい》三年《ねん》十二月《がつ》、象山《しょうざん》は門人《もんじん》たちをつれて松代《まつしろ》に帰《かえ》った。このとき松代藩《まつしろはん》がすでに鋳造《ちゅうぞう》していた五十ポンド砲《ほう》を、藩《はん》の許可《きょか》を得《え》て試射《ししゃ》してみようということになった。

おなじものが浦賀《うらが》の平根山《ひらねさん》にあったのを、象山《しょうざん》は見《み》てきている。旧式砲《きゅうしきほう》であり、どれほどの機能《きのう》があるのか、ためしておこうと思《おも》ったのだ。

十二月《がつ》二十六日《にち》、城下《じょうか》から四キロあまり離《はな》れた生萱村《いきがやむら》で試射《ししゃ》はおこなわれた。前方《ぜんぽう》の一《ひと》重山《えやま》を目標《もくひょう》に、第一発《だいいっぱつ》を撃《う》ったところ、一重山《ひとえやま》を越《こ》えて小島村《こじまむら》の禅寺《ぜんでら》に不発弾《ふはつだん》がころげこんだ。

お寺《てら》との悶着《もんちゃく》など始末《しまつ》が厄介《やっかい》だったが、落着《らくちゃく》してからもう一度《いちど》試射《ししゃ》したいと願《ねが》い出《で》て許《ゆる》された。嘉永《かえい》四(一八五一)年《ねん》三月《がつ》二十二日《にち》のことである。

今度《こんど》はうまくいった。目標《もくひょう》と定《さだ》めた一重山《ひとえやま》の中腹《ちゅうふく》に爆発音《ばくはつおん》と白煙《はくえん》があがるのを見《み》て、見《けん》物《ぶつ》の人々《ひとびと》は歓声《かんせい》をあげてよろこんだ。

桃《もも》・杏《あんず》の芳香《ほうこう》がただよう
晴《は》れあがった春《はる》の野原《のはら》で
大砲《たいほう》の試射《ししゃ》を演《えん》じた
爆発一声天地《ばくはついっせいてんち》を震《ふる》わせ
樹林《じゅりん》に咲《さ》き誇《ほこ》る新《あたら》しい花《はな》が
繚乱《りょうらん》と散《ち》っていった

象山《しょうざん》が詠《よ》んだ七言絶句《しちごんぜっく》（口語訳《こうごやく》）である。

その年《とし》四月《がつ》、母《はは》をともなって象山《しょうざん》は江戸《えど》に出《で》た。木挽町《こびきちょう》五丁目《ちょうめ》に塾《じゅく》を開《ひら》いて洋学《ようがく》を教授《きょうじゅ》する生活《せいかつ》にはいる。

象山《しょうざん》の名《な》をしたって大勢《おおぜい》の若者《わかもの》が入門《にゅうもん》した。そのなかに長州《ちょうしゅう》出身《しゅっしん》の浪人学者《ろうにんがくしゃ》・吉田《よしだ》寅次郎《とらじろう》(松陰《しょういん》)がいる。たがいに運命的《うんめいてき》な出会《であ》いだった。やがて象山《しょうざん》は思《おも》わぬ大事件《だいじけん》にまきこまれていくのである。

ひとまずは穏《おだ》やかな時間《じかん》がながれ、やがて嘉永《かえい》五(一八五二)年《ねん》となった。たまたま砲術《ほうじゅつ》の江川塾《えがわじゅく》に入門《にゅうもん》するとき世話《せわ》になった川路聖謨《かわじとしあきら》が、大坂町奉行《おおさかまちぶぎょう》から勘定奉行《かんじょうぶぎょう》に転《てん》じ、海防《かいぼう》係《がかり》を兼任《けんにん》するということを知《し》った。

象山《しょうざん》はすぐに川路《かわじ》のところを訪《たず》ね、かねてあたためていた海防意見書《かいぼういけんしょ》を見《み》せた。

「ほほう、壮大《そうだい》な計画《けいかく》だな」

川路《かわじ》はうなったが、内心《ないしん》では象山《しょうざん》が大風呂敷《おおぶろしき》をひろげているといったくらいにしか思《おも》っていなかった。

「まあ、聞《き》いておくだけにしよう」

と、川路《かわじ》は意見書《いけんしょ》をつきかえした。

「では記憶《きおく》にとどめておいてください。いつかかならずお役《やく》に立《た》ちますよ」

不遜《ふそん》な笑《え》みをうかべて、象山《しょうざん》は帰《かえ》って行《い》った。

その翌年《よくねん》、アメリカのペリー艦隊《かんたい》が、四隻《せき》の「黒船《くろふね》」をつらねて浦賀《うらが》にやってくるなど、だれも予想《よそう》しなかったのだ。いや、予想《よそう》していたとすれば象山《しょうざん》だけだ。浦賀《うらが》は海防意見書《かいぼういけんしょ》で、象山《しょうざん》が防衛《ぼうえい》の拠点《きょてん》にせよと強調《きょうちょう》している港《みなと》である。

❖第三章❖

# 吉田　寅次郎

# 孤独《こどく》な怒《いか》り

先覚者《せんかくしゃ》は、孤独《こどく》だ。
だれも気《き》づいていないことを、
敏感《びんかん》にさとって意見《いけん》を発表《はっぴょう》しても
相手《あいて》にされない。
不安《ふあん》な未来《みらい》を予見《よけん》して
警鐘《けいしょう》をならしても
戯言《たわごと》（ざれごと、冗談《じょうだん》）だと笑《わら》われてしまう。
時代《じだい》を先《さき》どりした人《ひと》は、

いつも孤独《こどく》な怒《いか》りを胸《むね》に抱《いだ》いていた。
やがて人々《ひとびと》は彼《かれ》のいったとおりだと気《き》づくのだが、
先覚者《せんかくしゃ》はすでにこの世《よ》を去《さ》ったあとだ。

佐久間《さくま》象山《しょうざん》が海外《かいがい》渡航《とこう》の必要《ひつよう》をとなえ、
吉田《よしだ》松陰《しょういん》が実行《じっこう》しようとして失敗《しっぱい》し、
ふたりが投獄《とうごく》されてから、
十七年後《ねんご》には、
岩倉《いわくら》使節団《しせつだん》が、
大挙《たいきょ》、欧米《おうべい》視察《しさつ》の旅《たび》に出《で》かけている。
象山《しょうざん》も、松陰《しょういん》も、
人々《ひとびと》より十七年先《ねんさき》を歩《あゆ》み、

未来《みらい》を先《さき》どりして、
笑《わら》われ、ののしられた孤独《こどく》な先覚者《せんかくしゃ》だった。

## 象門《しょうもん》の二虎《にこ》

長州《ちょうしゅう》出身《しゅっしん》の浪人《ろうにん》・吉田寅次郎《よしだとらじろう》が江戸木挽町《えどこびきちょう》の象山書屋《しょうざんしょおく》にはじめてあらわれたのは、嘉永《かえい》四(一八五一)年五月二十四日《ねんがつか》だった。

入門《にゅうもん》したいという意志《いし》だけを告《つ》げ、七月二十四日《がつか》、あらためて束脩《そくしゅう》の礼《れい》をもって入門《にゅうもん》を乞《こ》うた。

象山《しょうざん》はあまり機嫌《きげん》がよくなかった。風采《ふうさい》のあがらない田舎《いなか》の書生《しょせい》が、品定《しなさだ》めをするように会《あ》ったのち、かなりの日数《にっすう》をおいて正式《せいしき》な入門《にゅうもん》を申《もう》しいれるというやり方《かた》が気《き》にくわなかった。

「山鹿流軍学《やまがりゅうぐんがく》だと?」

鼻《はな》の先《さき》でせせら笑《わら》うように、まあ時々《ときどき》はやってくるがよいと、ひとまずは入門《にゅうもん》を許《ゆる》した。

寅次郎《とらじろう》は、他人《たにん》を馬鹿《ばか》呼《よ》ばわりする象山《しょうざん》の傍若無人《ぼうじゃくぶじん》な態度《たいど》が憎《にく》まれていることを承知《しょうち》のうえだが、とにかく西洋知識《せいようちしき》の第一人者《だいいちにんしゃ》とする世評《せひょう》は疑《うたが》わなかった。彼《かれ》の書斎《しょさい》の大《おお》きな地球《ちきゅう》儀《ぎ》、望遠鏡《ぼうえんきょう》、大砲《たいほう》の模型《もけい》その他《た》、得体《えたい》の知《し》れない機械《きかい》などが、所狭《ところせま》しとならんでいるのを見《み》て、入門《にゅうもん》を決心《けっしん》したのだ。

もともとは長州藩《ちょうしゅうはん》のれっきとした藩士《はんし》で、藩校明倫館《はんこうめいりんかん》で軍学教授《ぐんがくきょうじゅ》をつとめていた。江戸《えど》留学《りゅうがく》したとき、友人《ゆうじん》との約束《やくそく》を守《まも》るため、許可《きょか》を得《え》ずに旅《たび》へ出《で》たのを脱藩《だっぱん》と咎《とが》められ、藩士《はんし》の身分《みぶん》を剥奪《はくだつ》されるというかわった経歴《けいれき》の持《も》ち主《ぬし》である。

儒学《じゅがく》の知識《ちしき》は相当《そうとう》なもので、象山《しょうざん》が一度《いちど》は入門《にゅうもん》した佐藤一斎《さとういっさい》のところを寅次郎《とらじろう》も覗《のぞ》いているが、「たいしたことはない」と、郷里《きょうり》の兄《あに》への手紙《てがみ》に書《か》いている。

象山書屋《しょうざんしょおく》が儒学塾《じゅがくじゅく》だったら、寅次郎《とらじろう》は入門《にゅうもん》しなかっただろう。象山《しょうざん》の非凡《ひぼん》な西洋知識《せいようちしき》に魅力《みりょく》を感《かん》じたのだ。

寅次郎《とらじろう》は、たちまち象山門下《しょうざんもんか》として頭角《とうかく》をあらわし、象山《しょうざん》の彼《かれ》に対《たい》する態度《たいど》もやさしくなっている。象山《しょうざん》がかわいがっている、もうひとりの門人《もんじん》に小林虎三郎《こばやしとらさぶろう》という男《おとこ》がいて、寅次郎《とらじろう》と虎三郎《とらさぶろう》を人々《ひとびと》は〝象門《しょうもん》の二虎《にこ》〟と呼《よ》んだ。

虎三郎《とらさぶろう》は長岡藩士《ながおかはんし》、このとき寅次郎《とらじろう》とおなじ年《とし》の二十二歳《さい》だった。江戸《えど》の遊学《ゆうがく》を終《お》えて長岡《ながおか》に帰国《きこく》した虎三郎《とらさぶろう》は、やがて藩《はん》の重臣《じゅうしん》となった。貧困《ひんこん》にあえいでいる長岡藩《ながおかはん》に、分家《ぶんけ》から米百俵《こめひゃっぴょう》が送《おく》られてきたとき、みんなに分配《ぶんぱい》しようという意見《いけん》をしりぞけ、大反対《だいはんたい》をおしきって売《う》り払《はら》い、学校《がっこう》を建《た》てた。未来《みらい》のために、一時《いちじ》の飢《う》えをがまんして教育《きょういく》の資金《しきん》に使《つか》ったという虎三郎《とらさぶろう》の話《はなし》は『米百俵《こめひゃっぴょう》』という題《だい》で、作家《さっか》・山本有三《やまもとゆうぞう》が書《か》いた戯曲《ぎきょく》として、よく知《し》られている。

寅次郎《とらじろう》が象山書屋《しょうざんしょおく》に入門《にゅうもん》しておよそ一年《ねん》がすぎた嘉永《かえい》五（一八五二）年《ねん》六月《がつ》、松代藩主《まつしろはんしゅ》真田幸貫《さなだゆきつら》が亡《な》くなった。嫌《きら》われ者《もの》の象山《しょうざん》をかばい、その才能《さいのう》を認《みと》めて応援《おうえん》してくれた幸貫《ゆきつら》という、後《うし》ろ楯《だて》をうしなった。文字《もじ》どおり孤高《ここう》を守《まも》る佐久間象山《さくましょうざん》にとって、茨《いばら》の道《みち》がこれからつづくのだ。

だがこのころすでに象山書屋《しょうざんしょおく》には、五百人《ひゃくにん》を超《こ》える入門者《にゅうもんしゃ》がおしかけていた。幕臣《ばくしん》の勝《かつ》麟太郎《りんたろう》や土佐《とさ》の郷士《ごうし》坂本竜馬《さかもとりょうま》などもいる。大勢《おおぜい》の弟子《でし》にかこまれて、それなりに象山《しょうざん》はしあわせだった。

象山《しょうざん》が勝麟太郎《かつりんたろう》の妹《いもうと》順子《じゅんこ》と結婚《けっこん》したのは、幸貫《ゆきつら》が逝《い》って半年後《はんとしご》の嘉永《かえい》五年《ねん》十二月《がつ》のことだ。象山《しょうざん》は四十二歳《さい》、順子《じゅんこ》は二十五も年下《としした》である。象山書屋《しょうざんしょおく》に、なんだか華《はな》やいだ空気《くうき》がただよいはじめたように門人《もんじん》たちは感《かん》じた。

そんなある日《ひ》、寅次郎《とらじろう》は象山《しょうざん》にたずねた。

「じつは『和蘭風説書《オランダふうせつがき》』なるもの、ご入手《にゅうしゅ》ならぜひ拝見《はいけん》したいのですが」

「見《み》たことはある」

「通商《つうしょう》をもとめるアメリカの使節《しせつ》が、軍艦《ぐんかん》をひきいてやってくるというのは、ほんとうのことでしょうか」

「ほんとうらしいぞ」

「すがたを見《み》せるとすれば、やはり浦賀《うらが》でしょうか」

「これまでの例《れい》からすれば、そうであろう」

「昨年《さくねん》、わたくしは相模《さがみ》に行《い》ってきましたが、これという備《そな》えはまったく見《み》あたりませんでした」

「うむ、砲台《ほうだい》はあっても役《やく》には立《た》たないものだ。守《まも》りをうけもっている浦賀奉行所《うらがぶぎょうしょ》が、常備《じょうび》している砲弾《ほうだん》は十六発《ぱつ》というお粗末《そまつ》さである」

「幕府《ばくふ》は、なにを考《かんが》えているのでしょう」

「考《かんが》えることをやめておるのだ」

はきすてるように象山《しょうざん》はいう。

「虎三郎《とらさぶろう》はわたしと同様《どうよう》、痘瘡面《あばたづら》である。それに虎《とら》と寅《とら》で相《あい》つうずるので親《した》しみを感《かん》じている」

と里《さと》への手紙《てがみ》に寅次郎《とらじろう》は書《か》いた。

「象山先生《しょうざんせんせい》は、幕府《ばくふ》にきびしい目《め》をむけておられるようですね」

と、寅次郎《とらじろう》がいうと、虎三郎《とらさぶろう》は頷《うなず》いて教《おし》えてくれた。

「オランダ語彙《ごい》の出版《しゅっぱん》を願《ねが》い出《で》て、幕府《ばくふ》の許可《きょか》を得《え》られなかったことへの不満《ふまん》なども、たまっているのですよ。老中《ろうじゅう》として海防事務《かいぼうじむ》にあたっていた松代藩主《まつしろはんしゅ》・真田幸貫様《さなだゆきつらさま》が亡《な》くなられると、象山先生《しょうざんせんせい》の海防策《かいぼうさく》を幕政《ばくせい》に直接反映《ちょくせつはんえい》する道《みち》はふさがれたかたちになっているのです」

「すぐれた意見《いけん》はとりあげるべきです。幕府《ばくふ》は、どうしてそれができないのですか」

「先生《せんせい》はこれまでの顔《かお》もあるので、幕閣《ばっかく》の人々《ひとびと》のところに出入《でい》りして、なにかと進言《しんげん》はしておられるようだが、とりあってもらえないという苛立《いらだ》ちもあるようです。昨日《さくじつ》も老中首座《ろうじゅうしゅざ》・阿部様《あべさま》のところに行《い》ってきたと話《はな》しておられました」

「阿部正弘《あべまさひろ》はどんな人物《じんぶつ》です」

「水野忠邦様《みずのただくにさま》が失脚《しっきゃく》したあと、老中首座《ろうじゅうしゅざ》に就《つ》いたが、日本《にほん》に対《たい》する外国《がいこく》のうごきを知《し》っても秘密《ひみつ》にして情報《じょうほう》をながさないそうです。新任《しんにん》のオランダ商館長《しょうかんちょう》クルチウスが『和蘭別段《おらんだべつだん》風説書《ふうせつがき》』とともにオランダ東《ひがし》インド総督《そうとく》からの公文書《こうぶんしょ》を長崎奉行《ながさきぶぎょう》に差《さ》し出《だ》したのは去年《きょねん》の夏《なつ》のことです」

「象山先生《しょうざんせんせい》は阿部閣老《あべかくろう》から、それを見《み》せてもらったのでしょうか」

「あるいはそうかもしれない。手許《てもと》にないような口《くち》ぶりでしたが、よほど他見《たけん》を厳禁《げんきん》されているのでしょう」

「切迫《せっぱく》した事態《じたい》を迎《むか》えて、幕府《ばくふ》が海防《かいぼう》を固《かた》めようとしないのは、なぜでしょうか」

「すでに手遅《ておく》れということもあるが、慌《あわ》ただしいうごきに刺激《しげき》されて攘夷論《じょういろん》が高《たか》まると同時《どうじ》に、異国船《いこくせん》への不安《ふあん》がふくれあがって国内《こくない》を恐慌《きょうこう》におとしいれ、幕政《ばくせい》の基礎《きそ》が揺《ゆ》らぐのを恐《おそ》れているのかもしれない。いまはなにもせずに成《な》り行《ゆ》きを見守《みまも》るというのが〝ぶらかし宰相《さいしょう》〟といわれる阿部《あべ》らしいやり方《かた》だと、象山先生《しょうざんせんせい》はいっておられます」

象山塾《しょうざんじゅく》の高弟《こうてい》ともなれば、そこまでも政情《せいじょう》につうじているのかと、寅次郎《とらじろう》は感心《かんしん》する一方《いっぽう》で幕府《ばくふ》というものの不甲斐《ふがい》なさに腹《はら》が立《た》ってきた。

士籍《しせき》をうしなって藩《はん》の中枢《ちゅうすう》から遠《とお》く離《はな》れている寅次郎《とらじろう》は、佐久間象山《さくましょうざん》のところで、はからずも重大《じゅうだい》な危機《きき》を迎《むか》えた日本《にほん》の情況《じょうきょう》におどろくのだが、黒船来航《くろふねらいこう》が目《め》のまえにせまっているとは、多《おお》くの人《ひと》は気《き》づいていなかったのだ。

ましてなにも知《し》らされていない江戸《えど》の庶民《しょみん》は、巨砲《きょほう》をそなえた獰猛《どうもう》な異国《いこく》の軍艦《ぐんかん》が身辺《しんぺん》にあらわれるなど夢想《むそう》もしないことであり、為政者《いせいしゃ》の無策《むさく》な鎖国《さこく》によってたもたれる、見《み》せかけの泰平《たいへい》のなかで、眠《ねむ》らされているのだった。

# 黒船艦隊《くろふねかんたい》

嘉永《かえい》六（一八五三）年《ねん》六月三日《がつみっか》午前《ごぜん》八時《じ》ごろ、相模湾《さがみわん》の濃《こ》い朝靄《あさもや》のなかから、とつぜん、異様《いよう》な形《かたち》の巨船《きよせん》が四隻《せき》、すがたをあらわした。煙《けむり》を吐《は》いているのは二隻《せき》、あと二隻《せき》は帆船《はんせん》である。東北《とうほく》に針路《しんろ》をとって快走《かいそう》しながら、しだいに近《ちか》づいてくる。目標《もくひょう》が三浦半島《みうらはんとう》であることは、すぐにわかった。

「また黒船《くろふね》か」

浦賀奉行《うらがぶぎょう》・戸田氏栄《とだうじよし》は、眉《まゆ》をくもらせた。ただちに十余艘《よそう》の役船《やくぶね》がこぎ出《だ》され、停船《ていせん》を合図《あいず》したが、それには目《め》もくれずに走《はし》りつづけ、午後《ごご》三時《じ》すぎには浦賀鴨居村《うらがかもいむら》の沖《おき》まできて、やっと錨《いかり》をおろした。米国東《べいこくひがし》インド艦隊司令長官《かんたいしれいちょうかん》マシュー・カールブレイス・ペリーがひきいる「サスクェハナ」「ミシシッピ」「プリマス」「サラトガ」の四隻《せき》からなる艦隊《かんたい》である。

米艦《べいかん》は砲口《ほうこう》をひらき、水兵《すいへい》を部署《ぶしょ》につけて戦闘態勢《せんとうたいせい》をとり、小舟《こぶね》で近《ちか》づいた役人《やくにん》に「奉《ぶ》行《ぎょう》以外《いがい》の者《もの》には会《あ》わない」といい、艦隊《かんたい》をとりまいている幕府《ばくふ》の警備船《けいびせん》に退散《たいさん》を命《めい》じ、武《ぶ》装《そう》したボートをおろして威嚇《いかく》した。

ペリーは大統領《だいとうりょう》の親書《しんしょ》を渡《わた》そうとしているのだが、幕府《ばくふ》がうけとろうとしないので、しばらくは、にらみあいとなる。

黒船《くろふね》が浦賀沖《うらがおき》にあらわれた六月三日《がつみっか》、変報《へんぽう》を聞《き》いた象山《しょうざん》はただちに数人《すうにん》の門人《もんじん》をつれて浦賀《うらが》にむかった。船《ふね》を乗《の》り継《つ》いだりして、現地《げんち》に着《つ》いたのは夜《よる》だったので、付近《ふきん》の宿《やど》に泊《と》まり、早朝《そうちょう》、海《うみ》を見《み》おろす丘《おか》に登《のぼ》った。

象山《しょうざん》の視野《しや》をふさいでいるのは、想像《そうぞう》を絶《ぜっ》した巨大《きょだい》な軍艦《ぐんかん》の群《む》れである。いかめしく武装《ぶそう》した巨艦《きょかん》に、声《こえ》もなく圧倒《あっとう》されているところに、江戸《えど》の出発《しゅっぱつ》に遅《おく》れた吉《よし》田寅次郎《だとらじろう》が、やってきた。息《いき》をきらしてぜいぜいいいながら、象山《しょうざん》のそばに走《はし》りよって挨《あい》拶《さつ》した。

象山《しょうざん》は、くぼんだ目《め》でちょっとにらんだが、

「おう、長州人《ちょうしゅうじん》、やっとあらわれたな」

と、かすかに笑《わら》った。そのとたん黒船《くろふね》の砲口《ほうこう》が煙《けむり》を吐《は》き、一瞬《いっしゅん》遅《おく》れて雷鳴《らいめい》のような咆哮《ほうこう》が

あたりの澄《す》んだ空気《くうき》を震《ふる》わせた。

つづけて数発《すうはつ》を撃《う》ち鳴《な》らす。海岸《かいがん》に群《む》れる人々《ひとびと》から悲鳴《ひめい》に似《に》たどよめきが起《お》こる。空砲《くうほう》だった。前日《ぜんじつ》からひっきりなしに威嚇《いかく》しているらしい。

「こちらの砲台《ほうだい》からは撃《う》ち出《だ》さんのですか」

寅次郎《とらじろう》がいった。

「筒数《つつかず》もすくなく、弾丸《だんがん》もわずかだ。戦《いくさ》にならぬ。奉行《ぶぎょう》などは寺《てら》の掃除《そうじ》をしておるわ」

と、象山《しょうざん》が嘲笑《ちょうしょう》をうかべる。

「掃除《そうじ》？」

「敵《てき》が攻《せ》めてくれば、切腹《せっぷく》するそうだ」

「ばかな、戦《たたか》おうとは思《おも》わないのでしょうか」

「先年《せんねん》より、船《ふね》と砲《ほう》のことはやかましく幕府《ばくふ》に申《もう》しておるのに、耳《みみ》をかそうともしないから、このざまだ。こうなれば陸戦《りくせん》して、手詰《てづ》めの勝負《しょうぶ》をいどむしかあるまい。山《やま》などに、さそいこんで粘《ねば》り強《づよ》く戦《たたか》っているうちには、上陸《じょうりく》した彼《かれ》らの弾薬《だんやく》や食糧《しょくりょう》が尽《つ》きて、長《なが》く戦《たたか》えるものではない」

「孫子《そんし》のいう、奇兵《きへい》ですね」

「うむ」

象山《しょうざん》はその金壺眼《かなつぼまなこ》（くぼんで小《ちい》さな目《め》）をかっと瞠《みひら》いて、海《うみ》を凝視《ぎょうし》しながら、

「下策《げさく》だが仕方《しかた》あるまい」

と、うめくようにいった。

象山《しょうざん》が考《かんが》えているのは、西洋《せいよう》の兵書《へいしょ》にも出《で》ているゲリラ戦《せん》である。


これを吉田松陰《よしだしょういん》がうけ継《つ》ぎ、高杉晋作《たかすぎしんさく》が実現《じつげん》させるのである。晋作《しんさく》は松陰《しょういん》の著書《ちょしょ》『西洋《せいよう》歩兵論《ほへいろん》』を読《よ》んでいる。これは佐久間象山《さくましょうざん》から教《おし》えられた洋書《ようしょ》の知識《ちしき》だ。そのなかに「奇《き》兵《へい》」のことが書《か》いてある。

長州藩《ちょうしゅうはん》に生《う》まれた幕末最強《ばくまつさいきょう》の兵団《へいだん》・奇《き》兵隊構想《へいたいこうそう》は、いわば象山《しょうざん》・松陰《しょういん》・晋作《しんさく》の合作《がっさく》ということができる。

# 渡航計画《とこうけいかく》

水平線《すいへいせん》には純白《じゅんぱく》の入道雲《にゅうどうぐも》が高《たか》くもりあがり、鮮《あざ》やかな紺碧《こんぺき》の空《そら》に覆《おお》われた無風《むふう》の相模湾《さがみわん》が、照《て》りつける真夏《まなつ》の太陽《たいよう》をぎらぎらと反射《はんしゃ》する逆光《ぎゃっこう》のなかに、黒船《くろふね》は砲口《ほうこう》を開《ひら》いたまま不気味《ぶきみ》に沈黙《ちんもく》している。

黒船来航《くろふねらいこう》とわかって、幕府《ばくふ》は江戸《えど》湾《わん》の湾岸警備《わんがんけいび》を各大名《かくだいみょう》に命《めい》じた。長州藩《ちょうしゅうはん》は大森海岸《おおもりかいがん》の警備《けいび》を命《めい》じられた。藩主《はんしゅ》・毛利《もうり》慶親《よしちか》(敬親《たかちか》)が江戸《えど》出府中《しゅっぷちゅう》であり、ただちに支藩《しはん》の屋敷《やしき》にも通達《つうたつ》を出《だ》して兵《へい》をかりあつめ、三門《さんもん》の小型砲《こがたほう》と百丁《ひゃくちょう》の火縄銃《ひなわじゅう》で武装《ぶそう》した五百《ひゃく》五十二人《にん》の藩兵《はんぺい》を五日間《いつかかん》で編成《へんせい》し終《お》わっている。別《べつ》に萩《はぎ》からは約百人《やくひゃくにん》の若侍《わかざむらい》たちが急《きゅう》を聞《き》き、援兵《えんぺい》として駆《か》けつけてきたが、彼《かれ》らが江戸《えど》に到着《とうちゃく》したのは、黒船艦隊《くろふねかんたい》が退去《たいきょ》したあとだった。

藩邸内《はんていない》に武庫《ぶこ》を持《も》たない藩《はん》も多《おお》かったから、長州藩《ちょうしゅうはん》の対応《たいおう》は秀逸《しゅういつ》というもので、これも富国強兵《ふこくきょうへい》をめざす天保以来《てんぽういらい》の改革《かいかく》による成果《せいか》である。黒船来航《くろふねらいこう》で狼狽《ろうばい》する幕府《ばくふ》から急《きゅう》に頼《たよ》りにされはじめた。それまで親藩《しんぱん》の彦根《ひこね》に任《まか》せていた三浦半島《みうらはんとう》の警衛《けいえい》をかわって、つとめるようにとの幕命《ばくめい》を、やがてうけることになる。

そのころ象山《しょうざん》のもとに、勘定奉行《かんじょうぶぎょう》で海防係《かいぼうがかり》を兼任《けんにん》している川路《かわじ》聖謨《としあきら》から呼《よ》び出《だ》しがきた。

「貴殿《きでん》がいったとおりになった。いつかの海防意見書《かいぼういけんしょ》を、あらためて提出《ていしゅつ》してもらいたい。わしから老中《ろうじゅう》にとりつぐことにする」

そういう川路《かわじ》を、ジロリと見《み》て象山《しょうざん》は、おもむろに口《くち》をひらいた。

「いまさら上書《じょうしょ》など出《だ》して名《な》を売《う》るつもりはありません。わたしの海防意見《かいぼういけん》はまえにお見《み》せしたではありませんか。それを老中《ろうじゅう》に伝《つた》えて、実行《じっこう》するように努力《どりょく》してください」

「そのようにしよう」

「ひとつ提案《ていあん》があります。有能《ゆうのう》な人材《じんざい》を選《えら》んで、海外《かいがい》に派遣《はけん》し、先進文明《せんしんぶんめい》を学《まな》ばせ、また新式《しんしき》の軍艦《ぐんかん》や蒸気船《じょうきせん》を購入《こうにゅう》する手《て》だてを講《こう》じてもらいたいのです。一日《いちにち》もはやく西洋流《せいようりゅう》の海軍《かいぐん》を編成《へんせい》しなければなりません」

「ううむ」

川路《かわじ》は返事《へんじ》にこまったようである。

即答《そくとう》はしなかったが、その後《ご》、川路《かわじ》は人材《じんざい》の海外派遣《かいがいはけん》を幕閣《ばっかく》に進言《しんげん》し、その人選《じんせん》を象山《しょうざん》に依頼《いらい》してきた。

「吉田《よしだ》と小林《こばやし》がよかろう」

象門《しょうもん》の二虎《にこ》・吉田寅次郎《よしだとらじろう》(松陰《しょういん》)と小林虎三郎《こばやしとらさぶろう》が選《えら》ばれたのはもちろんだが、幕府内部《ばくふないぶ》で出《で》た異論《いろん》のため、とりやめになった。

以前《いぜん》から海外《かいがい》に渡航《とこう》して見聞《けんぶん》をひろめることを熱望《ねつぼう》していた松陰《しょういん》は、ついに自力《じりき》による海外渡航計画《かいがいとこうけいかく》を練《ね》りはじめた。

## 青銅砲《せいどうほう》三十六門《もん》を鋳《い》る

幕府《ばくふ》は警備《けいび》に出動《しゅつどう》した諸藩《しょはん》の陣営《じんえい》に対《たい》し「シナにおけるアヘン戦争《せんそう》の騒乱《そうらん》も考《かんが》え、わが国《くに》の海岸防備《かいがんぼうび》はまだ充実《じゅうじつ》していないので、容易《ようい》ならぬ国難《こくなん》となるかもしれない。決《けっ》して手《て》出《だ》しをしないように」と厳命《げんめい》した。

幕府《ばくふ》はペリーの申《もう》し入《い》れを受諾《じゅだく》し、六月九日《がっここのか》に久里《くり》浜《はま》に応接所《おうせつしょ》を設《もう》け、アメリカ大統領《だいとうりょう》からの親書《しんしょ》をうけとった。ペリーは翌年《よくねん》、その返事《へんじ》をもらいにくるといって艦隊《かんたい》をひき揚《あ》げ、中国《ちゅうごく》の上海《シャンハイ》にむかった。

軍備《ぐんび》をよくととのえていたことを幕府《ばくふ》に認《みと》められた長州藩《ちょうしゅうはん》は、三浦半島《みうらはんとう》の警備《けいび》を命《めい》じられた。藩《はん》では許可《きょか》を得《え》て、新《あたら》しく三十六門《もん》の大砲《たいほう》を、葛飾《かつしか》の藩邸《はんてい》で鋳造《ちゅうぞう》することになり、その指導《しどう》を佐久間象山《さくましょうざん》に頼《たの》んできた。象山《しょうざん》の出番《でばん》がやってきたのだ。

ただちに萩《はぎ》から鋳砲家《ちゅうほうか》の郡司《ぐんじ》一族《いちぞく》を江戸《えど》に呼《よ》びよせ、佐久間象山《さくましょうざん》の指導《しどう》で、青銅砲《せいどうほう》の鋳《ちゅう》造《ぞう》にかかった。まえにベウセルの原書《げんしょ》を参考《さんこう》にして大砲《たいほう》を鋳造《ちゅうぞう》したとき砲身《ほうしん》が破裂《はれつ》したことも貴重《きちょう》な経験《けいけん》だった。

できあがったのは翌年《よくねん》の春《はる》で、当時《とうじ》の青銅砲《せいどうほう》としては最新《さいしん》の三十六門《もん》が三浦半島《みうらはんとう》の要所《ようしょ》にはこばれていった。

そのころ門弟《もんてい》をあつめて、象山《しょうざん》がいう。

「西洋医《せいようい》いわく、病気《びょうき》には近因《きんいん》と遠因《えんいん》がある。血脈《けつみゃく》が粘着《ねんちゃく》するがごときは遠因《えんいん》であり、このごろの疾《やまい》も暑《あつ》さから起《お》こることで、これ近因《きんいん》である。日本《にほん》もいまは病気《びょうき》にかかっている。外国《がいこく》がわが国《くに》を侮《あなど》る遠因《えんいん》はわれに巨艦《きょかん》、巨砲《きょほう》がないためだ。黒船《くろふね》がやってきたが、これと戦《たたか》う大砲《たいほう》もなく、狼狽《ろうばい》その極《きょく》に達《たっ》する醜態《しゅうたい》を見《み》せた。これ夷狄《いてき》がわれを侮《あなど》る近因《きんいん》である」

「わたくしの思《おも》いますには」と、松陰《しょういん》が意見《いけん》を述《の》べる。

「たとえ巨砲《きょほう》なくとも、脅迫《きょうはく》をもって国交《こっこう》をせまるペリーの無礼《ぶれい》に対《たい》しては、一戦《いっせん》を覚悟《かくご》で断乎《だんこ》拒絶《きょぜつ》する気概《きがい》あれば、すくなくとも近因《きんいん》を除《のぞ》くことはできるでしょう」

「うむ。しかし近因《きんいん》をとりのぞいても、遠因《えんいん》はのこるから、快癒《かいゆ》の見《み》こみはない。いまとなっては手遅《ておく》れなのだ」

この時点《じてん》で象山《しょうざん》は、翌年《よくねん》ペリー再来《さいらい》によって、幕府《ばくふ》が和親条約《わしんじょうやく》をむすぶことを予知《よち》しており、そしてこれを機会《きかい》に開国《かいこく》すべきだという意見《いけん》をかためつつあった。この開明的《かいめいてき》な学《がく》者《しゃ》は、ペリー艦隊《かんたい》の巨大《きょだい》な船影《せんえい》を見《み》たとき、これと戦《たたか》うより国《くに》を開《ひら》いて彼《かれ》らの文明《ぶんめい》を吸収《きゅうしゅう》するべきだという結論《けつろん》にはやくも達《たっ》していたのである。

寅次郎《とらじろう》は黒船《くろふね》に戦《おのの》きながらも、恫喝《どうかつ》（おどして恐《おそ》れさせる）に負《ま》けたあと、一国《いっこく》の独立《どくりつ》はあるのだろうかと考《かんが》えていた。象山《しょうざん》はそれを書生論《しょせいろん》だと内心笑《ないしんわら》っていたが、あえておさえつけようとしなかったのは、聡明《そうめい》なこの若者《わかもの》が、いずれ自分《じぶん》とおなじ方向《ほうこう》に目《め》をむけるようになることを見《み》ぬいていたからである。

その予見《よけん》はあたっていた。象山《しょうざん》はしかし、寅次郎《とらじろう》のほとばしる行動力《こうどうりょく》の巻《ま》き添《ぞ》えをくって、九年間《ねんかん》もの長《なが》い歳月《さいげつ》にわたり、自由《じゆう》を奪《うば》われる悲運《ひうん》に遭遇《そうぐう》するのだが、自己《じこ》のそんな未来《みらい》までは、むろん見《み》とおすべくもなかった。

# 行《ゆ》け！　寅次郎《とらじろう》

吉田寅次郎《よしだとらじろう》が、木挽町《こびきちょう》の佐久間象山《さくましょうざん》を訪《たず》ねたのは、九月《がつ》のはじめだった。浦賀《うらが》に黒船《くろふね》を見《み》に行《い》って以後《いご》、はじめての面会《めんかい》である。

「めずらしいな。病《やまい》に臥《ふ》せておるのかと思《おも》ったぞ」

象山《しょうざん》がやや不機嫌《ふきげん》にいったので、浪人《ろうにん》の身《み》で藩主《はんしゅ》に上書《じょうしょ》したことを咎《とが》められ、藩邸《はんてい》への出入《でい》りを差《さ》しとめられ、あれこれ問題《もんだい》があったことを説明《せつめい》した。

「相《あい》かわらずやるものだな」

「藩《はん》の役人《やくにん》などというものは、波風《なみかぜ》を立《た》てまいと、そればかりを考《かんが》えております」

「それは藩《はん》ばかりではない。幕府《ばくふ》とておなじことだ。じつは、そなたがよろこぶ知《し》らせをと思《おも》っていたが、だめになった。幕府《ばくふ》も話《はなし》にならぬ」

「なんのことでございます」

「海外《かいがい》に有能《ゆうのう》な若者《わかもの》を派遣《はけん》すべきことを、川路《かわじ》さんに進言《しんげん》しておいたのだ。アメリカや、ヨーロッパの事情《じじょう》を探索《たんさく》し、軍艦《ぐんかん》を購入《こうにゅう》して航海術《こうかいじゅつ》を学《まな》びながら帰国《きこく》すれば海防策《かいぼうさく》としても大《おお》いに得《え》るところがあろうという、わたしの意見《いけん》に賛意《さんい》をあらわしてくれ、適当《てきとう》な人物《じんぶつ》を塾生《じゅくせい》のなかから選《えら》べとのことだった」

「そうでありましたか」

「そなたの名《な》もつけたしておいたぞ。だが老中《ろうじゅう》の大方《おおかた》が反対《はんたい》だから、あきらめろといってきた」

「残念《ざんねん》であります。海外渡航《かいがいとこう》はわたくしの夢《ゆめ》でしたので」

力《ちから》なく寅次郎《とらじろう》がいうと、象山《しょうざん》は、とつぜん大声《おおごえ》でいった。

「まこと、海《うみ》の外《そと》へ行《い》きたいか」

「は？」

「夷情探索《いじょうたんさく》に行《い》きたいかと申《もう》しておる」

「強《つよ》く望《のぞ》んでいますが、方法《ほうほう》を持《も》ちません」

「あるとすればなんとする」

こんどは、いたずらっぽい目《め》で寅次郎《とらじろう》を見《み》る。

「ありますか」

「とっておきの秘策《ひさく》だ」

「それは、うかがいたくあります」

「漂流策《ひょうりゅうさく》である。ジョン万次郎《まんじろう》のこと、知《し》っておろうな」

漂流中《ひょうりゅうちゅう》をすくわれてアメリカでの生活《せいかつ》を経験《けいけん》し、言語《げんご》はもちろん操船《そうせん》の技術《ぎじゅつ》を習得《しゅうとく》して帰国《きこく》した中浜万次郎《なかはままんじろう》は、幕府《ばくふ》に召《め》し出《だ》されて翻訳《ほんやく》・軍艦操練所教授《ぐんかんそうれんじょきょうじゅ》に命《めい》じられた。だから漂流民《ひょうりゅうみん》をよそおって外国船《がいこくせん》に乗《の》りこみ、数年間修行《すうねんかんしゅぎょう》して帰《かえ》れば、罰《ばっ》せられることはない。また学識《がくしき》のある者《もの》なら、万次郎以上《まんじろういじょう》の西洋知識《せいようちしき》を身《み》につけ、重要《じゅうよう》な役割《やくわり》を果《は》たせるのではないかと象山《しょうざん》はいうのである。

「九州《きゅうしゅう》の五島列島《ごとうれっとう》あたりの漁師《りょうし》がよく上海方面《シャンハイほうめん》に流《なが》されると聞《き》いている。漂流《ひょうりゅう》は九死《きゅうし》に一生《いっしょう》の至難事《しなんじ》だが、もし天《てん》のたすけがあれば、望《のぞ》みどおりの風《かぜ》がおこって上海《シャンハイ》に漂着《ひょうちゃく》できるかもしれぬ。そこからアメリカへの航路《こうろ》も開《ひら》けておるそうであるから、カリフォルニアかどこか、ひいてはワシントンに行《い》くことも可能《かのう》であろう。やってみるか」

「はい」

「本気《ほんき》か。軽々《かるがる》しく決《き》めることではないぞ」

「こころみる価値《かち》はありそうです」

「価値《かち》はある」

いまさら象山《しょうざん》はおどろいている。いつも思《おも》いつめた顔《かお》をして自分《じぶん》のまえにあらわれるこの青年《せいねん》を、多少《たしょう》はからかってやるつもりでもち出《だ》した「漂流策《ひょうりゅうさく》」だが、即座《そくざ》に決行《けっこう》するというのだ。

「小舟《こぶね》で乗《の》り出《だ》すのは、あまりにも危険《きけん》なことと思《おも》われる。されば、これはどうであろう。いま、長崎《ながさき》にはプチャーチンのロシア艦《かん》がはいっている。うまくこれに近《ちか》づき、漂流《ひょうりゅう》と見《み》せかけ、すくいあげてもらうのだ」

「それはよろしゅうございますな」

「やるか」

「やりとげたいと存《ぞん》じます」

「この九死一生《きゅうしいっしょう》の至難《しなん》の儀《ぎ》を、よくぞ速《すみ》やかに決心《けっしん》いたした。露艦《ろかん》が去《さ》らぬうちに、急《いそ》ぎ出立《しゅったつ》するがよい」

大海原《おおうなばら》に飛《と》び立《た》つ
一羽《わ》の鶴《つる》にとって

世界五大陸《せかいごたいりく》は隣《とな》りのようなものだ。
天下《てんか》の形勢《けいせい》を究《きわ》めるために、
百聞《ひゃくぶん》は一見《いっけん》にしかず……。

象山《しょうざん》は、そんな激励《げきれい》の詩《し》に餞別《せんべつ》四両《りょう》をそえて寅次郎《とらじろう》にあたえた。

十八日朝《にちあさ》、寅次郎《とらじろう》がきて別《わか》れを告《つ》げた。

「やはり、行《い》くのか」

「九月《がつ》十八日《にち》、品川《しながわ》を出発《しゅっぱつ》します」

「さようか。では大死一番《だいしいちばん》、成就《じょうじゅ》を祈《いの》りおるぞ」

象山《しょうざん》は寅次郎《とらじろう》の痩《や》せた肩《かた》をたたいた。

## 師弟投獄《していとうごく》

嘉永《かえい》六(一八五三)年《ねん》もおしつまった十二月《がつ》二十八日《にち》、吉田寅次郎《よしだとらじろう》がしょんぼりしたすがたで、木挽町《こびきちょう》の象山書屋《しょうざんしょおく》を訪《たず》ねてきた。長崎《ながさき》に着《つ》いたとき、プチャーチンの軍艦《ぐんかん》は出航《しゅっこう》したあとだったという。

「さようか。次《つぎ》の機会《きかい》を待《ま》つがよい」

「そういたします」

疲《つか》れているらしい寅次郎《とらじろう》は、言葉《ことば》すくなに帰《かえ》って行《い》った。

安政元《あんせいがん》(一八五四)年《ねん》――十一月《がつ》が改元《かいげん》だからまだ嘉永《かえい》七年《ねん》だ――その年《とし》の正月早々《しょうがつそうそう》から不安《ふあん》な風説《ふうせつ》が流《なが》れ、小雪《こゆき》まじりの寒風《かんぷう》にさらされる江戸《えど》の町《まち》におびえが、ひろがりはじめた。

ペリーは年《とし》が明《あ》けたら再訪《さいほう》するといいのこしたとおり、一月早々《がっそうそう》やってきて、今度《こんど》は伊《い》豆半島南東端《ずはんとうなんとうたん》の下田港《しもだこう》(静岡県南東部《しずおかけんなんとうぶ》)に、七隻《せき》の艦隊《かんたい》を停泊《ていはく》させて開港《かいこう》をせまった。

幕府《ばくふ》が下田《しもだ》を開港《かいこう》すると聞《き》いて、象山《しょうざん》は反対《はんたい》をとなえた。下田《しもだ》の開港《かいこう》を提言《ていげん》したのが、江川太郎左衛門《えがわたろうざえもん》というのも気《き》にくわない。

象山《しょうざん》が下田開港《しもだかいこう》に反対《はんたい》する理由《りゆう》は、

「下田《しもだ》は東海《とうかい》の要衝《ようしょう》で、ヨーロッパ・アフリカ航路《こうろ》の喜望峰《きぼうほう》(ケープタウン)にあたる場所《ばしょ》だ。守《まも》るに易《やす》く、攻《せ》めるに難《かた》い要害《ようがい》でもあるから、これを開港《かいこう》するのは、危険《きけん》このうえない」と、いうのだった。開《ひら》くとすれば横浜《よこはま》だと象山《しょうざん》はいう。

門人《もんじん》の小林虎三郎《こばやしとらさぶろう》に命《めい》じて、老中首座《ろうじゅうしゅざ》・阿部正弘《あべまさひろ》のもとにやり、強談判《こわだんぱん》させたりした。そのために虎三郎《とらさぶろう》が罰《ばっ》せられるということにもなる。

三月三日《がつみっか》、幕府《ばくふ》は横浜《よこはま》の応接所《おうせつしょ》で日米和親条約《にちべいわしんじょうやく》の調印《ちょういん》をすませた。ペリーは神奈川《かながわ》ほか数《すう》カ所《しょ》の開港《かいこう》を要求《ようきゅう》したが、箱館《はこだて》と下田《しもだ》の二港《こう》ということで決着《けっちゃく》した。

しかし、あとになって開港場《かいこうじょう》は象山《しょうざん》が提案《ていあん》したように横浜《よこはま》となった。すべて、この調子《ちょうし》だった。先見《せんけん》の明《めい》に満《み》ちた象山《しょうざん》のいうことに、すぐにはついていけず、やがてそのとおりに、うごきはじめるのである。

象山《しょうざん》がひとりで騒《さわ》いでいるような一《いっ》カ月《げつ》がすぎた四月《がつ》の中《なか》ごろ、彼《かれ》を驚愕《きょうがく》させる知《し》らせがはいってきた。

吉田寅次郎《よしだとらじろう》が門人《もんじん》とともに、下田沖《しもだおき》の米艦《べいかん》に潜入《せんにゅう》、海外密航《かいがいみっこう》をくわだてて失敗《しっぱい》し、捕《と》らえられて、北町奉行所《きたまちぶぎょうしょ》で取《と》り調《しら》べられているという。

「ついにやりおった」

おどろき感心《かんしん》しているところに、役人《やくにん》が踏《ふ》みこんできて、象山《しょうざん》も縄《なわ》をかけられ、北町奉《きたまちぶ》行所《ぎょうしょ》にひき立《た》てられた。

寅次郎《とらじろう》たちは、奉行所《ぶぎょうしょ》でまず井戸対馬守《いどつしまのかみ》の訊問《じんもん》をうけた。

「佐久間修理《さくましゅり》に使嗾《しそう》（そそのかす）されたのであろう」

対馬守《つしまのかみ》はしつこく寅次郎《とらじろう》に迫《せま》った。寅次郎《とらじろう》が象山《しょうざん》からもらった激励詩《げきれいし》を船《ふね》のなかにのこしていたことを証拠《しょうこ》として、密航《みっこう》は象山《しょうざん》の指示《しじ》によるのではないかというのである。

「これはあくまでも、わたくしの一存《いちぞん》で決《き》めたことであります。ここにいる金子《かねこ》は、門弟《もんてい》としてわたくしに従《したが》っただけの者《もの》」

と、寅次郎《とらじろう》は頑固《がんこ》に象山《しょうざん》の関与《かんよ》を否定《ひてい》した。

「あくまでも修理《しゅり》は関係《かんけい》なしと申《もう》すか」

「他人《たにん》にそそのかされて、かかる大事《だいじ》を決行《けっこう》するほど、わたくしを軽薄《けいはく》な者《もの》と思《おも》われるのは心外《しんがい》でございます」

寅次郎《とらじろう》が語気《ごき》強《つよ》くいったので、対馬守《つしまのかみ》はそれ以上《いじょう》の追及《ついきゅう》をやめ、まえまえから危険視《きけんし》していた象山《しょうざん》の尋問《じんもん》に力《ちから》をいれはじめた。象山《しょうざん》は強気《つよき》に出《で》た。

「勉学《べんがく》のため国外《こくがい》に出《で》ようとする者《もの》を罰《ばっ》するなどは、愚《おろ》かなことだ。この時期《じき》、海外《かいがい》の状《じょう》況《きょう》を学《まな》ぶのは国家《こっか》のために有益《ゆうえき》なことである。中浜万次郎《なかはままんじろう》の例《れい》もあるではないか。吉田《よしだ》・金子《かねこ》の罪《つみ》を問《と》うのではなく、むしろその志《こころざし》を容《い》れて国用《こくよう》に供《きょう》するべきであろう」

徹底的《てっていてき》に抗弁《こうべん》した。これが彼《かれ》を必要以上《ひつよういじょう》に不利《ふり》な立場《たちば》に追《お》いやったのだった。象山《しょうざん》が自《じ》信《しん》たっぷりの熱弁《ねつべん》をふるったために、対馬守《つしまのかみ》を怒《いか》らせた。

「たしかに、わたしが計画《けいかく》を彼《かれ》に授《さず》けた。有志《ゆうし》の士《し》が、海外《かいがい》に出《で》ることを期待《きたい》したのだ」

この発言《はつげん》で、象山《しょうざん》の罪《つみ》はうごかないものとなったのである。

吉田寅次郎《よしだとらじろう》と同行《どうこう》した金子重之助《かねこしげのすけ》、そして佐久間象山《さくましょうざん》は、それぞれの藩《はん》で蟄居《ちっきょ》という幕《ばく》府《ふ》の裁断《さいだん》がくだったのは、九月《がつ》十八日《にち》だった。

判決《はんけつ》いいわたしのまえ、北町奉行所《きたまちぶぎょうしょ》の役人《やくにん》・松浦安左衛門《まつうらやすざえもん》が、口書《くちがき》（供述書《きょうじゅつしょ》）を読《よ》みあげるとき、「沿革《えんかく》」を「ハンカク」と誤読《ごどく》したので、象山《しょうざん》は、

「只今《ただいま》、ハンカクと仰《おお》せられたが、それはいかなる文字《もじ》でありますか」

と質問《しつもん》して、役人《やくにん》の無学《むがく》を揶揄《やゆ》した。

「いま、なんで一々字義《いちいちじぎ》を討論《とうろん》する必要《ひつよう》があろう。上《かみ》を軽蔑《けいべつ》する不埒者《ふらちもの》めが」

と、松浦《まつうら》を烈火《れっか》のごとく怒《いか》らせたというのも、嫌《きら》われ者《もの》、象山《しょうざん》の面目躍如《めんもくやくじょ》（いかにもその人《ひと》らしい特徴《とくちょう》があらわれる）という場面《ばめん》だ。時《とき》に象山《しょうざん》四十四歳《さい》、寅次郎《とらじろう》二十五歳《さい》だった。百姓身分《ひゃくしょうみぶん》の金子《かねこ》は別席《べっせき》につながれ、判決《はんけつ》の席《せき》には象山《しょうざん》と寅次郎《とらじろう》のふたりがならんで申《もう》しわたしをうけた。たがいに会話《かいわ》することは許《ゆる》されない。無言《むごん》のまま、頷《うなず》き合《あ》うだけの別《わか》れだった。師弟《してい》がたがいにむきあう最後《さいご》となった。

「かくとだに知《し》らでやこそのこのごろは　君《きみ》を空《そら》ゆく田鶴《たず》にたとへし」

《こんなことになるなどは思《おも》いもしなかった去年《きょねん》のこのごろ、密航策《みっこうさく》を秘《ひ》めて長崎《ながさき》に行《ゆ》く君《きみ》を、空飛《そらと》ぶ鶴《つる》にたとえた詩《し》を贈《おく》ったことがあったなあ》

決別《けつべつ》の日《ひ》、ひそかに象山《しょうざん》が詠《よ》んだ歌《うた》である。

そのころ寅次郎《とらじろう》は松陰《しょういん》という号《ごう》を使《つか》いはじめている。萩《はぎ》に護送《ごそう》された松陰《しょういん》は、野山獄《のやまごく》に、金子《かねこ》は岩倉獄《いわくらごく》に投《とう》じられた。金子《かねこ》はまもなく獄死《ごくし》する。

象山《しょうざん》は半年《はんとし》ばかり小伝馬町《こでんまちょう》の牢屋敷《ろうやしき》に投獄《とうごく》されたのち、松代《まつしろ》に送《おく》られた。

萩《はぎ》に帰《かえ》った寅次郎《とらじろう》は一年《ねん》ばかりのちに釈放《しゃくほう》され、藩《はん》の許可《きょか》を得《え》て若者《わかもの》をあつめる松下村塾《しょうかそんじゅく》の主宰《しゅさい》・吉田松陰《よしだしょういん》となった。地道《じみち》な教育活動《きょういくかつどう》と著述生活《ちょじゅつせいかつ》にはいるが、しだいに幕政《ばくせい》を批判《ひはん》する過激《かげき》な言動《げんどう》が目立《めだ》ち、ついには悲劇的《ひげきてき》な結末《けつまつ》にむかって走《はし》りはじめるのだった。

# 幽囚生活《ゆうしゅうせいかつ》

象山《しょうざん》は九月二十九日《がつにち》、江戸《えど》から家族《かぞく》とともに護送《ごそう》され、十月三日《がつみっか》松代《まつしろ》に着《つ》いた。ひとまず姉《あね》の嫁入《よめい》り先《さき》である北山家《きたやまけ》に身《み》をよせる。

翌月《よくげつ》の四日朝《よっかあさ》、松代《まつしろ》は地震《じしん》に襲《おそ》われ、家屋倒壊《かおくとうかい》、圧死人《あっしにん》も出《で》る騒《さわ》ぎとなった。ちょうど一年後《いちねんご》が江戸《えど》の安政大地震《あんせいだいじしん》だから、そのまえぶれが松代《まつしろ》にあらわれたことになる。

佐久間邸《さくまてい》は倒壊《とうかい》をまぬがれたが、無人《むじん》の家《いえ》は荒《あ》れ果《は》てて住《す》める状態《じょうたい》ではなかった。象山《しょうざん》に好意《こうい》をよせている家老《かろう》・望月主水《もちづきもんど》の別邸《べってい》を借《か》りることになった。

城下御安町《じょうかごあんまち》にあるこの屋敷《やしき》は、広《ひろ》い庭園《ていえん》を持《も》ち、眺望《ちょうぼう》が美《うつく》しかったので、象山《しょうざん》はここを聚遠楼《しゅうえんろう》と名《な》づけた。

不自由《ふじゆう》な蟄居《ちっきょ》ではあったが、書《しょ》を読《よ》み、書《か》きものをするには快適《かいてき》な住処《すみか》だった。

象山《しょうざん》は漢詩《かんし》も詠《よ》んでいるが、和歌《わか》に秀《ひい》でていた。真田幸貫《さなだゆきつら》の養祖父《ようそふ》・幸弘《ゆきひろ》が国学者《こくがくしゃ》賀茂《かも》真淵《まぶち》に師事《しじ》したので、松代藩《まつしろはん》からは多《おお》くの歌人《かじん》が出《で》ている。象山《しょうざん》もそのひとりに数《かぞ》えて、よいのだろう。

傲岸不遜《ごうがんふそん》（おごりたかぶって、へりくだらないこと）などといわれた外見《がいけん》にも似《に》ず、象山《しょうざん》の歌《うた》には万葉《まんよう》ぶりの長歌《ちょうか》や短歌《たんか》も多《おお》く、繊細《せんさい》で気品《きひん》のある作品《さくひん》を遺《のこ》している。内面《ないめん》には情緒《じょうちょ》ゆたかな優《やさ》しい心《こころ》を宿《やど》した人《ひと》だったのかもしれない。

おほぞらにみなぎる雪《ゆき》と見《み》るばかり　ちるもさくらのさかりといはなむ
信濃路《しなのじ》の浅間《あさま》の山《やま》のあさましや燃《も》ゆる煙《けむり》のたゆる時《とき》なし
きのふけふあすとうつろふ世《よ》の人《ひと》の心《こころ》に似《に》たるあぢさゐの花《はな》

萩《はぎ》で蟄居生活《ちっきょせいかつ》を送《おく》っている吉田松陰《よしだしょういん》は、『幽囚録《ゆうしゅうろく》』を象山《しょうざん》に送《おく》ってきて、批評《ひひょう》をもとめたりもした。江戸小伝馬町《えどこでんまちょう》の獄中記録《ごくちゅうきろく》である。

象山《しょうざん》は読《よ》んで丁寧《ていねい》な批評《ひひょう》を書《か》き、それに和歌《わか》をそえて送《おく》り返《かえ》した。はるかに松代《まつしろ》と萩《はぎ》をむすぶ師弟《してい》のきずなは、あくまでも学徒《がくと》らしい情趣《じょうしゅ》に彩《いろど》られた。

はるばるとさかる伊豆島《いずしま》ゆげ船《ぶね》に近《ちか》よる君《きみ》を見《み》ぬがわびしき

罪《つみ》を得《え》しもとの心《こころ》をたづぬれば末《すえ》たのもしく思《おも》ひやるかな

——「ゆげ船《ぶね》」は蒸気船《じょうきせん》のこと。遠《とお》く離《はな》れた伊豆半島《いずはんとう》の下田沖《しもだおき》に停泊《ていはく》するペリーの軍艦《ぐんかん》に近《ちか》づいていく君《きみ》を見《み》られない（密航《みっこう》に失敗《しっぱい》した）のが残念《ざんねん》だといった意味《いみ》だろうか。

——罪人《つみびと》になってしまったが、君《きみ》のその気高《けだか》い志《こころざし》のことを思《おも》えば、まだこれから、かならず、なにかをなしとげるにちがいない。

自分《じぶん》がすすめた密航《みっこう》に失敗《しっぱい》した若者《わかもの》が、自由《じゆう》をうしなって閉《と》じこめられている。口《くち》にはしないが、心《こころ》のなかでは悔《く》いるものがあった。

蟄居《ちっきょ》ということで、外《そと》を出歩《であるき》きはしなかったが、読書《どくしょ》・著述《ちょじゅつ》、また知友《ちゆう》との手紙《てがみ》のやりとりと、忙《いそが》しい日々《ひび》を送《おく》り、訪《たず》ねてくる者《もの》には砲術《ほうじゅつ》も教《おし》えた。そのことがひろく知《し》られるようになり、ついには幕府《ばくふ》にも伝《つた》わった。

象山《しょうざん》の行動《こうどう》を咎《とが》める通達《つうたつ》をうけた藩《はん》では、聚遠楼《しゅうえんろう》の門前《もんぜん》に番人《ばんにん》をおき、人《ひと》の出入《でい》りを厳《げん》禁《きん》した。

以後《いご》はもっぱら読書三昧《どくしょざんまい》の生活《せいかつ》、時《とき》に筆《ふで》を執《と》った。自分《じぶん》の文稿《ぶんこう》を整理《せいり》した『象山浄稿《しょうざんじょうこう》』

を遺《のこ》している。

聚遠楼《しゅうえんろう》にいるかぎり歳月《さいげつ》はゆっくり流《なが》れたが、時代《じだい》は急速《きゅうそく》な移《うつ》りかわりを見《み》せていた。十四代将軍《だいしょうぐん》の座《ざ》をめぐる暗闘《あんとう》があり、安政大獄《あんせいたいごく》のあらしが吹《ふ》き荒《あ》れた。その大獄《たいごく》の最後《さいご》の犠牲者《ぎせいしゃ》として、吉田松陰《よしだしょういん》が処刑《しょけい》されたのは、安政《あんせい》六(一八五九)年《ねん》十月《がつ》二十七日《にち》だった。大老《たいろう》・井伊直弼《いいなおすけ》の腹心《ふくしん》として朝廷勢力弾圧《ちょうていせいりょくだんあつ》に使命《しめい》を帯《お》び、京都《きょうと》へむかう老中《ろうじゅう》・間部詮勝《まなべあきかつ》暗殺《あんさつ》を計画《けいかく》、未遂《みすい》におわったが、これを重罪《じゅうざい》とみる直弼《なおすけ》の裁定《さいてい》で死刑《しけい》となったのである。

松陰《しょういん》の訃報《ふほう》はよほどあとになって、象山《しょうざん》の耳《みみ》にとどいた。


「ああ義卿《ぎけい》(吉田松陰《よしだしょういん》の字名《あざな》)は事《こと》を急《いそ》ぎすぎたために、この災厄《さいやく》をまねいたのだ」

象山《しょうざん》は涙《なみだ》を流《なが》しながら、俊傑《しゅんけつ》(すぐれた人物《じんぶつ》)の死《し》を惜《お》しんだ。

翌万延元《よくまんえんがん》(一八六〇)年《ねん》三月三日《がつみっか》、江戸城桜田門外《えどじょうさくらだもんがい》で、井伊直弼《いいなおすけ》が水戸浪士《みとろうし》らに暗殺《あんさつ》されてから、政情《せいじょう》は急変《きゅうへん》した。

# 高杉晋作《たかすぎしんさく》

万延元《まんえんがん》(一八六〇)年《ねん》九月《がつ》二十一日《にち》、ひとりの若《わか》い侍《さむらい》が松代城下《まつしろじょうか》にあらわれた。竹刀袋《しないぶくろ》を背負《せお》っているところを見《み》ると武者修行《むしゃしゅぎょう》の者《もの》らしい。

——高杉晋作《たかすぎしんさく》。

長州藩士《ちょうしゅうはんし》。吉田松陰《よしだしょういん》の弟子《でし》で、久坂玄瑞《くさかげんずい》とならんで〝松下村塾《しょうかそんじゅく》の双璧《そうへき》〟といわれた俊才《しゅんさい》である。二十二歳《さい》だった。

晋作《しんさく》が、師《し》の松陰《しょういん》から佐久間象山《さくましょうざん》に会《あ》うようにすすめられたのは、安政《あんせい》五(一八五八)年《ねん》のことで、松陰《しょういん》が幕府《ばくふ》の評定所《ひょうじょうしょ》から呼《よ》び出《だ》されて江戸《えど》送《おく》りになるまえのことだ。紹介状《しょうかいじょう》まで書《か》いてもらっている。それは単《たん》なる紹介状《しょうかいじょう》ではなく、松陰《しょういん》から象山《しょうざん》に宛《あ》てた親書《しんしょ》であり、その末尾《まつび》に「この高杉晋作《たかすぎしんさく》は、自分《じぶん》を師《し》と思《おも》っている男《おとこ》で、まだ学問《がくもん》は未熟《みじゅく》だが、すぐれた資質《ししつ》にめぐまれた若者《わかもの》である」と紹介《しょうかい》している。

そして「わたくしに語《かた》ると思《おも》って、次《つぎ》の問《と》いに答《こた》えてやってほしい」と書《か》いている。象《しょう》山《ざん》への質問《しつもん》は、三点《てん》にしぼられる。

一、幕府《ばくふ》、諸侯《しょこう》いずれに未来《みらい》を託《たく》すべきか。

二、日本《にほん》を回復《かいふく》するには、どこから着手《ちゃくしゅ》すべきか。

三、男子《だんし》の死《し》すべき場所《ばしょ》はどこか。

三《みっ》つの質問《しつもん》のうち二《ふた》つは死《し》の直前《ちょくぜん》、松陰《しょういん》なりに解決《かいけつ》している。

「もはや幕府《ばくふ》も諸侯《しょこう》もあてにできない、在野《ざいや》（官職《かんしょく》に就《つ》かないで民間《みんかん》にいること）の者《もの》が立《た》ちあがり、世《よ》の中《なか》を一変《いっぺん》しなければ、新《あたら》しい日本《にほん》は生《う》まれない」

と、死《し》のまぎわに断定《だんてい》していた。

男子《だんし》の死《し》ぬべき場所《ばしょ》については、すでに処刑《しょけい》まえに江戸《えど》小伝馬町《こでんまちょう》の牢《ろう》から晋作《しんさく》に宛《あ》てた手紙《てがみ》で、

「生《い》きて大業《たいぎょう》をなす見《み》こみがあれば、いつまでも生《い》きよ。死《し》して不朽《ふきゅう》の価値《かち》ありと思《おも》えばいつ死《し》んでもよい」という死生観《しせいかん》を教《おし》えている。

のこる課題《かだい》は第《だい》二項《こう》の「日本《にほん》の回復《かいふく》をどこから着手《ちゃくしゅ》すべきか」であり、これはじつに大《おお》

きな問題《もんだい》だった。

晋作《しんさく》にとっても、当代一流《とうだいいちりゅう》の進歩的《しんぽてき》な学者《がくしゃ》・佐久間象山《さくましょうざん》の口《くち》から、そのことをぜひ聞《き》きたいと思《おも》っている。

晋作《しんさく》が松代《まつしろ》に行《い》ったとき、事件《じけん》からすでに六年《ねん》も経過《けいか》していながら、まだ象山《しょうざん》の蟄居《ちっきょ》はとかれていなかった。密航未遂《みっこうみすい》の教唆《きょうさ》（教《おし》え、そそのかすこと）にすぎないのだから、それほどの大罪《たいざい》ではない。

——松代藩《まつしろはん》が象山《しょうざん》をおしこめる期間《きかん》は長《なが》すぎるではないか。藩《はん》から幕府《ばくふ》に願《ねが》い出《で》れば、かたづく問題《もんだい》ではないか。

外様大名《とざまだいみょう》の卑屈《ひくつ》さに、そんな批判《ひはん》の声《こえ》も他藩《たはん》からあがっているのだが、一向《いっこう》にうごこうとしない。

象山《しょうざん》の屋敷《やしき》に行《い》くと、竹《たけ》を×印形《じるしがた》に組《く》んで、門《もん》の扉《とびら》はかたく閉《と》ざされているのだった。

晋作《しんさく》の懐《ふところ》には、松陰《しょういん》の紹介状《しょうかいじょう》がはいっている。はるばるやってきて象山《しょうざん》に会《あ》わずに帰《かえ》るというのは、いかにも残念《ざんねん》だ。

「松代藩《まつしろはん》は幕府《ばくふ》に対《たい》して、なにをそんなに気兼《きが》ねしておるのだ」

独《ひと》り毒《どく》づいたりしながら、袖門《そでもん》の隙間《すきま》からなかを覗《のぞ》いてみると、どうやら人《ひと》の気配《けはい》はしているようだった。

「頼《たの》もう」

声《こえ》をかけたが、返事《へんじ》はない。

前藩主《ぜんはんしゅ》の真田幸貫《さなだゆきつら》は、白河藩《しらかわはん》の名君《めいくん》といわれ老中《ろうじゅう》となって寛政《かんせい》の改革《かいかく》を担当《たんとう》した松平定信《まつだいらさだのぶ》の子《こ》である。外様大名《とざまだいみょう》の養子《ようし》となったが、出自《しゅつじ》(生《う》まれ)がよいので幕閣《ばっかく》に迎《むか》えられた。

そういう家柄《いえがら》だけに、幕府《ばくふ》の鼻息《はないき》をうかがう気風《きふう》が強《つよ》いのかもしれない。

後援者《こうえんしゃ》だった幸貫《ゆきつら》の病死《びょうし》が、象山《しょうざん》の不運《ふうん》につながるにしても、ひとつには彼自身《かれじしん》に関《かか》わる理由《りゆう》がないでもない。

象山《しょうざん》は大言壮語《たいげんそうご》し、態度《たいど》が尊大《そんだい》で、遠慮《えんりょ》なく他《た》を非難《ひなん》する。それが才能《さいのう》を誇示《こじ》しているようにもうけとれ、誤解《ごかい》をまねいた。象山嫌《しょうざんぎら》いの家老《かろう》をはじめ、とにかく敵《てき》が多《おお》い。

いつまでも蟄居《ちっきょ》がとけないのは、象山《しょうざん》の性格《せいかく》を嫌《きら》い、憎《にく》む者《もの》が藩内《はんない》にいるために、ちがいなかった。

しかし、象山《しょうざん》は他藩《たはん》の者《もの》から見《み》れば、埋《う》もれた巨人《きょじん》のような存在《そんざい》である。遠《とお》くから教《おし》えを乞《こ》いに訪《たず》ねてくる人《ひと》は多《おお》いが、藩《はん》はいっさい面会《めんかい》を禁《きん》じた。

晋作《しんさく》は象山《しょうざん》の悪評《あくひょう》を、江戸《えど》出発《しゅっぱつ》のとき、桂小五郎《かつらこごろう》からも聞《き》かされていた。

「松陰先生《しょういんせんせい》も入門《にゅうもん》するとき、ひどい罵声《ばせい》をあびせられたそうだ。しかし、相手《あいて》がすぐれた人物《じんぶつ》とみれば、態度《たいど》もやわらかくなるらしいが、とにかく難物《なんぶつ》だから覚悟《かくご》しておくことだな」

「晋作《しんさく》のような性格《せいかく》だと、すぐに喧嘩《けんか》をおっぱじめるのではないか」

そばにいた親友《しんゆう》の久坂玄瑞《くさかげんずい》からは、そんなふうにひやかされもした。

「これは松陰先生《しょういんせんせい》の遺言《ゆいごん》のようなものじゃから、会《あ》わんわけにはいかぬのだ」

そういって出《で》てきた。

「頼《たの》もう。だれかおられんのかぁ」

晋作《しんさく》はもう一度《いちど》大声《おおごえ》をあげた。すると、ようやく白髪頭《しらがあたま》の男《おとこ》が出《で》てきて、

「なんぞ御用《ごよう》か」

と、門内《もんない》から無愛想《ぶあいそう》にいった。

「象山先生《しょうざんせんせい》にお会《あ》いしたい。長州藩士高杉晋作《ちょうしゅうはんしたかすぎしんさく》と申《もう》す」

「だめじゃ」

「吉田松陰先生《よしだしょういんせんせい》の手紙《てがみ》を持参《じさん》しているのだ。とりついでもらいたい」

「だれであろうと、象山先生《しょうざんせんせい》は人《ひと》に会《あ》うことができん。帰《かえ》れ」

「わざわざ長州《ちょうしゅう》からやってきてもか」

「唐天竺《からてんじく》（中国《ちゅうごく》とインド）からでも、藩《はん》の規則《きそく》はまげられん」

「では、この手紙《てがみ》だけでも、渡《わた》してもらえぬか」

「それも禁《きん》じられておる」

「そこをなんとか……」

晋作《しんさく》の言葉《ことば》が終《お》わらないうちに、男《おとこ》はひっこんでしまった。

「ばかたれ！」

邸内《ていない》に響《ひび》きわたる声《こえ》で怒鳴《どな》ったところで、どうしようもない。とりつくしまもないとは、このことだろう。日《ひ》はとっぷり暮《く》れてしまった。仕方《しかた》なく宿《やど》にひきあげる。

翌朝《よくちょう》、松代藩《まつしろはん》の藩校《はんこう》から迎《むか》えの者《もの》がきた。昨日《さくじつ》、宿《やど》にはいるまえに立《た》ちよって、剣術《けんじゅつ》の試合《しあい》を申《もう》しこんでおいたのである。腹立《はらだ》ちまぎれに、数人《すうにん》を打《う》ち据《す》えて、いくらかは溜飲《りゅういん》をさげ、宿《やど》にひきあげる途中《とちゅう》を、ひとりの武士《ぶし》が追《お》ってきて、

「拙者《せっしゃ》は松代藩士《まつしろはんし》・岩田清兵衛《いわたせいべえ》と申《もう》す」

と、丁重《ていちょう》にいった。初老《しょろう》の温厚《おんこう》な感《かん》じの人物《じんぶつ》である。

「長州《ちょうしゅう》の剣士《けんし》はめずらしいので、試合《しあい》を拝見《はいけん》させていただきました。拙者《せっしゃ》はからだを痛《いた》め

て、いまは竹刀《しない》を握《にぎ》れませんが、貴殿《きでん》とおなじ柳生新陰流《やぎゅうしんかげりゅう》を少々《しょうしょう》たしなんだ者《もの》。長州《ちょうしゅう》の方《かた》は、いつもあのように激《はげ》しい剣《けん》を使《つか》われるのか、後学《こうがく》のため、うかがいたく……」

「どうやら、見《み》ぬかれたようですね。じつは、この土地《とち》でいささか気《き》にそまぬことがあり、つい粗暴《そぼう》なふるまいとなりました。これは汗顔《かんがん》の至《いた》りであります」

「あるいは、という心地《ここち》がいたさぬでもなかったが、そういうことでしたか」

「未熟《みじゅく》を恥《は》じいります」

「さしつかえなくば、貴殿《きでん》のその気《き》にそまぬことを、聞《き》かせてくれますか」

清兵衛《せいべえ》に問《と》われて、晋作《しんさく》は象山《しょうざん》に会《あ》えないことを話《はな》した。

「やむなく、このまま出立《しゅったつ》して善光寺《ぜんこうじ》に行《い》こうかと思《おも》っております」

「高杉氏《たかすぎうじ》、もう一泊《いっぱく》されるがよい。佐久間殿《さくまどの》に会《あ》えるかもしれません」

「なにかよい手《て》がありますか」

「とにかく宿《やど》に参《まい》りましょう」

清兵衛《せいべえ》は笑《わら》っている。宿《やど》の主人《しゅじん》と顔《かお》なじみと見《み》えて、しばらく話《はな》しこんでいたが、

「あとは、ここの亭主《ていしゅ》にまかされたらよろしかろう」

と、いいのこし、帰《かえ》って行《い》った。

「岩田殿《いわたどの》は、いかなる、ご仁《じん》だ」

「以前《いぜん》は藩《はん》の剣術師範《けんじゆつしはん》をしていたお方《かた》でございます」

亭主《ていしゆ》がすましで答《こた》えた。

荒《あら》っぽく品《ひん》のない立《た》ち合《あ》いを、道場《どうじよう》の隅《すみ》からじっと観察《かんさつ》されていたのかと思《おも》うと、晋作《しんさく》はそれこそ顔《かお》から火《ひ》が出《で》るほど恥《は》ずかしくなった。

「高杉様《たかすぎさま》、今夜《こんや》は病気《びようき》になっていただきますよ」

と、宿屋《やどや》の亭主《ていしゆ》がいう。

急病人《きゆうびようにん》が出《で》て、漢方医《かんぽうい》の手《て》にあまったとき、西洋医学《せいようい がく》の心得《こころえ》がある象山《しようざん》に診断《しんだん》を頼《たの》むことが、これまでも何度《なんど》かあった。人命《じんめい》に関《かか》わるとなれば藩《はん》も大目《おおめ》に見《み》る。

旅客《りよかく》が突然《とつぜん》の病気《びようき》で苦《くる》しんでいることにして、宿《やど》から佐久間家《さくまけ》に連絡《れんらく》し、晋作《しんさく》をかつぎこめばよい。清兵衛《せいべえ》はその段《だん》どりをつけてやったのである。

おかげで晋作《しんさく》はその夜《よる》、象山《しようざん》との面会《めんかい》に成功《せいこう》したのだった。

「門前《もんぜん》で、ばかたれと怒鳴《どな》ったのは、そのほうだな」

いきなり象山《しようざん》にいわれて、ひどく狼狽《ろうばい》してしまった。

「予告《よこく》もなく訪《たず》ねてきて、ばかたれとは無礼《ぶれい》であろう」

「あれは先生《せんせい》にいったのではありません」

「だれにむかって申《もう》した」

「有為《うい》の人物《じんぶつ》をいつまでも閉《と》じこめている松代藩《まつしろはん》に怒《いか》りを覚《おぼ》えたのです」

「さようか。だが、他藩《たはん》にきて、むやみの雑言《ぞうごん》はやめにせい」

「以後《いご》、慎《つつし》みます」

「うむ」

気難《きむずか》しげに頷《うなず》く。聞《き》いていたとおり、尊大《そんだい》な態度《たいど》である。

目《め》は鋭《するど》く輝《かがや》き、中国《ちゅうごく》の聖人《せいじん》のような口髭《くちひげ》を生《は》やして、いかにも、よりつきがたい風貌《ふうぼう》だ。

象山《しょうざん》は、このとき五十歳《さい》である。

書斎《しょさい》には山《やま》と積《つ》まれた書籍《しょせき》のほかに、奇妙《きみょう》な機械類《きかいるい》が所狭《ところせま》しとおいてある。

一歩《いっぽ》も外《そと》に出《で》られない不自由《ふじゆう》な身《み》だが、読書《どくしょ》、翻訳《ほんやく》、著作《ちょさく》のほか、電池《でんち》や発電機《はつでんき》を試作《しさく》したり、このときは鍛冶屋《かじや》に手伝《てつだ》わせて、元込《もとご》め式《しき》の小銃《しょうじゅう》をつくろうとしていた。

六年間《ねんかん》にわたる蟄居生活《ちっきょせいかつ》にもかかわらず、精気《せいき》が顔《かお》にみなぎっている。

「寅次郎《とらじろう》の手紙《てがみ》とやらを見《み》せろ」

「はっ」

晋作《しんさく》がうやうやしく、差《さ》し出《だ》したそれを奪《うば》うように手《て》にとってながめ、

「寅次郎《とらじろう》はすぐれた識見《しきけん》の持主《もちぬし》ではあったが、焦《あせ》りすぎたため、命《いのち》をおとしてしまった。惜《お》しい」

「しかし先生《せんせい》は、激励《げきれい》の詩《し》を松陰《しょういん》にあたえられたと聞《き》いております」

「行《い》くというから、はげましてやったまでだ。おのが行為《こうい》を他人《たにん》のせいにするのは愚《おろ》かなことである。長州人《ちょうしゅうじん》はそんなことを考《かんが》えながら国事《こくじ》を語《かた》るのか」

「いや、そうではありません」

「ならばよい。さて、質問《しつもん》に答《こた》える」

と、挑《いど》むように晋作《しんさく》を見《み》た。

「お願《ねが》い申《もう》します」

「幕府《ばくふ》、諸侯《しょこう》いずれに恃《たの》むか。それは、いまさらいうまでもない。幕府《ばくふ》であろう。公卿《くぎょう》などは頼《たよ》りにはならぬ。第一《だい》、彼《かれ》らは政治的《せいじてき》な実際《じっさい》の経験《けいけん》をまったく積《つ》んでいない。幕府《ばくふ》は二百年以上《ひゃくねんいじょう》にわたり、国政《こくせい》をうごかしてきた。だから幕府《ばくふ》を立《た》て直《なお》せばよいのだ」

「立《た》て直《なお》せましょうか」

「できぬでどうする。なにも知《し》らぬ書生《しょせい》が、討幕《とうばく》などと騒《さわ》ぎ立《た》てるのは笑止《しょうし》である」

「朝廷《ちょうてい》は？」

「公武合体《こうぶがったい》だな。朝廷《ちょうてい》と幕府《ばくふ》が、いがみあっていては外国《がいこく》にあなどられるばかりだ」

「あなどられぬためにも攘夷《じょうい》を実行《じっこう》しなければなりません」

「口《くち》をひらけば攘夷《じょうい》か。それは外国《がいこく》の兵器《へいき》がいかにすぐれているかを知《し》らぬ無知《むち》な人間《にんげん》がいうことだ。それに立《た》ちむかって敗北《はいぼく》するより、進《すす》んで国《くに》を開《ひら》き、彼《かれ》らの先進技術《せんしんぎじゅつ》を吸収《きゅうしゅう》して、自《みずか》らの力《ちから》をやしなうことが先決《せんけつ》ではないか」

象山《しょうざん》はそこにある洋書《ようしょ》の一冊《いっさつ》を開《ひら》き、さまざまな大砲《たいほう》の図面《ずめん》を晋作《しんさく》に見《み》せ、戦国時代《せんごくじだい》の武器《ぶき》を一歩《いっぽ》も出《で》ない日本《にほん》の軍備《ぐんび》の貧弱《ひんじゃく》さを説《と》いた。

「蟷螂《とうろう》（カマキリ）の斧《おの》とはこのことだ」

「松陰先生《しょういんせんせい》は攘夷論《じょういろん》でした」

「いや寅次郎《とらじろう》は、わたしの説《せつ》に従《したが》って開国論《かいこくろん》に賛成《さんせい》した。それで、海外《かいがい》に出《で》ようとしたのだ」

「それでも、攘夷《じょうい》の二字《じ》はすてられなかったはずです」

「寅次郎《とらじろう》の攘夷《じょうい》は国《くに》を開《ひら》き、彼《かれ》らの先進技術《せんしんぎじゅつ》を学《まな》んで、その力《ちから》で対等《たいとう》に外国《がいこく》とむき合《あ》うという意味《いみ》の攘夷《じょうい》だ。おぬしらの低《ひく》い頭脳《ずのう》では理解《りかい》できぬか」

「低《ひく》い頭脳《ずのう》で、よく考《かんが》えてみます」

「それがよろしかろう」

「ところで象山先生《しょうざんせんせい》、男子《だんし》の死《し》に場所《ばしょ》はどこか」

「すぐに死《し》ぬ死《し》ぬといいおる。死《し》にたい者《もの》はおのおので考《かんが》えればよいのだ。教《おし》えられることではない」

「日本《にほん》の回復《かいふく》を、どこから着手《ちゃくしゅ》すべきでしょうか」

「寅次郎《とらじろう》らしい問《と》いだが、これはやはり幕政《ばくせい》を立《た》て直《なお》すことからだろう。まずは秩序《ちつじょ》の乱《みだ》れを正《ただ》さなければならん」

「たとえば、秩序《ちつじょ》のどのような乱《みだ》れを正《ただ》すのでありますか」

「たとえばだな、このごろ藩財政《はんざいせい》が苦《くる》しいからと、参勤交代《さんきんこうたい》の行列《ぎょうれつ》を簡素《かんそ》にしたいという大名《だいみょう》が増《ふ》え、それを横井小楠《よこいしょうなん》なぞという、こざかしい輩《やから》がそそのかしておるようだが、とんでもない話《はなし》だ。威風堂々《いふうどうどう》、行列《ぎょうれつ》をそろえて、軍役《ぐんえき》にそなえる姿勢《しせい》を見《み》せて、庶民《しょみん》を安心《あんしん》させることも大名《だいみょう》たちのつとめである」

「その大名《だいみょう》は、いまの時勢《じせい》にどう対処《たいしょ》すべきだと思《おも》われますか」

「拙者《せっしゃ》は、ロシアのペートル(ピョートル)大帝《たいてい》を範《はん》とすべきだと考《かんが》える。そなた、この名《な》を知《し》っておるか」

「はじめて聞《き》きました」

「そうであろうな。ペートル大帝《たいてい》は自《みずか》らオランダに出《で》かけて造船技術《ぞうせんぎじゅつ》を学《まな》び、それを自国《じこく》にもたらすなど旺盛《おうせい》な意欲《いよく》をもって『頑愚《がんぐ》の国《くに》』を『名誉《めいよ》の国《くに》』にかえたのだ」

「へえ――」

「大名《だいみょう》にかぎらぬ。将軍《しょうぐん》もすべからくこのペートル大帝《たいてい》に習《なら》うべきであろう。外国《がいこく》を排撃《はいげき》する攘夷《じょうい》などもってのほかだ。国《くに》を開《ひら》き、新《あたら》しい西洋《せいよう》の文明《ぶんめい》をとりいれて日本《にほん》を『名誉《めいよ》の国《くに》』にしなくてはならん」

このあとも象山《しょうざん》の話《はなし》は延々《えんえん》とつづくのである。気難《きむずか》し屋《や》の彼《かれ》にしては、めずらしく喋《しゃべ》りまくった。人恋《ひとこい》しさも手伝《てつだ》ってのことだろうが、好《す》き嫌《きら》いの激《はげ》しい象山《しょうざん》のことだから、だれ彼《かれ》にそんな態度《たいど》は見《み》せない。

晋作《しんさく》が死《し》んだ松陰《しょういん》の門下《もんか》生《せい》であることや、またその快活《かいかつ》な人柄《ひとがら》に好感《こうかん》をもったのだろう。晋作《しんさく》がなかば頷《うなず》き、なかば反発《はんぱつ》しながら佐久間《さくま》邸《てい》を辞去《じきょ》したのは、夜明《よあ》けに近《ちか》いころだった。このふたりも二度《にど》と会《あ》うことはなかったのである。

# ❖第四章❖ 暗殺

# 脚光《きゃっこう》を浴《あ》びるとき

時《とき》は疾風怒濤《しっぷうどとう》となって
さらに流《なが》れた。
転換期《てんかんき》の歴史《れきし》は、
新《あたら》しい時代《じだい》を生《う》みおとすための痛《いた》み、
未来《みらい》の明《あ》かりをもとめるための苦《くる》しみ、
封建《ほうけん》の世《よ》から人間《にんげん》をとりもどす、
戦《たたか》いの記録《きろく》だ。
あすへの期待《きたい》をはらみながらも、

残酷《ざんこく》で、壮絶《そうぜつ》で、悲《かな》しく、
そしていつも華麗《かれい》な青春《せいしゅん》の舞台《ぶたい》だった。

幕藩体制《ばくはんたいせい》が揺《ゆ》らぎ、
近代国家《きんだいこっか》に生《う》まれかわろうとする日本《にほん》の
「幕末《ばくまつ》」といわれる時代《じだい》の若《わか》き主役《しゅやく》の多《おお》くは、
まだ生《い》きのこって戦《たたか》っていた。

文久《ぶんきゅう》三(一八六三)年《ねん》五月《がつ》、
関門海峡《かんもんかいきょう》を通過《つうか》しようとする外国船《がいこくせん》を、
長州藩《ちょうしゅうはん》が無差別《むさべつ》に砲撃《ほうげき》したことから
幕末《ばくまつ》の動乱《どうらん》ははじまった。

六月《がつ》にはフランスの軍艦《ぐんかん》が、
報復《ほうふく》のためにやってきて、
下関《しものせき》の砲台《ほうだい》を沈黙《ちんもく》させ、
村《むら》を焼《や》き払《はら》ってひきあげて行《い》った。

外国軍《がいこくぐん》の攻撃《こうげき》にそなえる
新《あたら》しい軍事《ぐんじ》組織《そしき》が生《う》まれた。
武士《ぶし》も農民《のうみん》もない民衆《みんしゅう》のエネルギーを
結集《けっしゅう》する奇兵隊《きへいたい》。
それを結成《けっせい》し初代総督《しょだいそうとく》についたのは、
二十五歳《さい》の青年武士《せいねんぶし》。
松代《まつしろ》に佐久間象山《さくましょうざん》を訪《たず》ねてから、

三年後《ねんご》のそれは高杉晋作《たかすぎしんさく》である。

時代《じだい》はさらに大《おお》きな激流《げきりゅう》となって、
視界《しかい》ゼロメートルの濃霧《のうむ》のなかを突《つ》き進《すす》む。
宮廷《きゅうてい》クーデター八・一八政変《せいへん》で
長州藩《ちょうしゅうはん》が京都《きょうと》を追《お》われたまえの年《とし》の十二月二十九日《にち》、
佐久間象山《さくましょうざん》は蟄居《ちっきょ》をとかれた。

時代《じだい》が濁流《だくりゅう》となって勢《いきお》いをましてゆくとき、
「時《とき》の人《ひと》」佐久間象山《さくましょうざん》が脚光《きゃっこう》をあびて登場《とうじょう》した
元治元《げんじがん》(一八六四)年《ねん》は、
幕府壊滅《ばくふかいめつ》のきざしが見《み》える

幕末《ばくまつ》の動乱《どうらん》が最初《さいしょ》のピークをむかえる時《とき》だった。
象山《しょうざん》の果敢《かかん》に生《い》きた生涯《しょうがい》も、
ようやく尽《つ》きようとしていた。

## 九年《ねん》ぶりの解放《かいほう》

井伊直弼《いいなおすけ》の暗殺《あんさつ》によって、状況《じょうきょう》は一変《いっぺん》した。おさえられていた尊王攘夷運動《そんのうじょういうんどう》は、にわかに活発《かっぱつ》となる。

安政大獄《あんせいたいごく》で幕府《ばくふ》から罰《ばっ》せられ、幽閉《ゆうへい》・追放《ついほう》されていた人々《ひとびと》は赦免《しゃめん》、復権《ふっけん》した。とくに吉《よし》田松陰《だしょういん》をはじめ梅田雲浜《うめだうんぴん》・橋本左内《はしもとさない》・高野長英《たかのちょうえい》・渡辺崋山《わたなべかざん》といった犠牲者《ぎせいしゃ》から「国事犯《こくじはん》」という烙印《らくいん》はとりけされ、死者《ししゃ》の名誉《めいよ》も回復《かいふく》した。

長州藩主《ちょうしゅうはんしゅ》・毛利慶親《もうりよしちか》は、吉田松陰《よしだしょういん》の師《し》で西洋知識《せいようちしき》の第一人者《だいいちにんしゃ》といわれる佐久間象山《さくましょうざん》のことをよく知《し》っており、蟄居《ちっきょ》を解除《かいじょ》された彼《かれ》を藩《はん》に招聘《しょうへい》（礼《れい》を尽《つ》くして人《ひと》を招《まね》き呼《よ》ぶこと）しようと考《かんが》えた。

ところが象山《しょうざん》だけは、いつまでも赦免《しゃめん》の恩典《おんてん》に浴《よく》さないとわかって、大《おお》いに松代藩《まつしろはん》の不《ふ》当《とう》な処置《しょち》を批判《ひはん》しはじめ、ついには幕府《ばくふ》に大要《たいよう》、次《つぎ》のような陳情書《ちんじょうしょ》を出《だ》した。

真田《さなだ》信濃守《しなののかみ》様《さま》の家来《けらい》佐久間修理《さくましゅり》は、西洋学《せいようがく》・砲術《ほうじゅつ》などの師範《しはん》として活躍《かつやく》していたところ、元長州藩家来吉田寅次郎《もとちょうしゅうはんけらいよしだとらじろう》こと、攘夷《じょうい》の志《こころざし》を抱《いだ》いて欧米渡航《おうべいとこう》のくわだてあり、これをたすけた罪《つみ》で幕府《ばくふ》に捕《と》らえられ、松代藩《まつしろはん》にひき渡《わた》し、蟄居《ちっきょ》の身《み》となっていた。

わが藩《はん》では、しごく気《き》の毒《どく》に思《おも》っていたのである。佐久間修理《さくましゅり》は日本国多事多難《にほんこくたじたなん》のおり、非常《ひじょう》の人材《じんざい》であるので、特別《とくべつ》の詮議《せんぎ》をもって、ご赦免仰《しゃめんおお》せつけられますよう懇願《こんがん》いたします。

この陳情書《ちんじょうしょ》は、長州藩《ちょうしゅうはん》の江戸留守居役《えどるすいやく》から、幕府《ばくふ》に提出《ていしゅつ》された。

国事犯《こくじはん》として投獄《とうごく》され、国許《くにもと》に護送《ごそう》されてきた佐久間象山《さくましょうざん》は、幕府《ばくふ》からの沙汰《さた》があるまでは、そのまま閉《と》じこめておくという方針《ほうしん》だ。

松代藩《まつしろはん》は吉田松陰《よしだしょういん》が復権《ふっけん》したにもかかわず、象山《しょうざん》のことには知《し》らぬ顔《かお》をきめこんでいた。

政局《せいきょく》の流《なが》れを見《み》て、まずは松代藩《まつしろはん》が藩内《はんない》に幽閉《ゆうへい》している象山《しょうざん》の赦免《しゃめん》にうごくべきではないと考《かんが》えているのは、長州藩《ちょうしゅうはん》だけではなかった。じつは土佐藩《とさはん》でもかねてから象山《しょうざん》を招聘《しょうへい》しようという意思《いし》をかためていたのだ。

象山《しょうざん》を師《し》とあおいだ勝海舟《かつかいしゅう》、さらに海舟《かいしゅう》と強《つよ》くむすびついている坂本竜馬《さかもとりょうま》の意向《いこう》が反映《はんえい》しているこことはたしかであった。

毛利慶親《もうりよしちか》は、象山《しょうざん》が赦免《しゃめん》にならないのは、松代藩内《まつしろはんない》の事情《じじょう》によるものと、にらんで調《しら》べさせたところ、はたしてそうだった。そこでわざと松代藩《まつしろはん》の頭越《あたまご》しに、直接幕府《ちょくせつばくふ》に陳情書《ちんじょうしょ》を出《だ》した。

松代藩《まつしろはん》は、ばつのわるい思《おも》いで、遅《おく》ればせながら象山《しょうざん》の処遇《しょぐう》を考《かんが》えはじめたのだった。しかし、これさえも簡単《かんたん》に事《こと》がはこんだわけではなかった。

象山自身《しょうざんじしん》、たまりにたまった不満《ふまん》を爆発《ばくはつ》させて、

「先日《せんじつ》より、幕府昌平学問所《ばくふしょうへいがくもんしょ》ならびに御医師衆《ごいししゅう》の塾《じゅく》での話《はなし》では、佐久間修理《さくましゅり》の咎《とが》はすでにすんでいるのに、真田家《さなだけ》に忌《い》み嫌《きら》う者《もの》がいるため、蟄居《ちっきょ》がつづいているのは、時節柄《じせつがら》あるまじきことであるとのことだ。御国家《おんこっか》のため、天下《てんか》のために一日《いちにち》もはやく、わたしを解放《かいほう》すべく努力《どりょく》されてしかるべきだ」

と、家老《かろう》・矢沢将監《やざわしょうげん》に宛《あ》てて書状《しょじょう》を出《だ》している。

長州藩《ちょうしゅうはん》からの陳情《ちんじょう》をうけ、幕府《ばくふ》は文久《ぶんきゅう》二(一八六二)年《ねん》十二月《がつ》二十九日《にち》になって、佐久間《さくま》修理《しゅり》の禁固《きんこ》赦免《しゃめん》の沙汰《さた》をくだした。九年《ねん》ぶりに象山《しょうざん》は青天白日《せいてんはくじつ》の身《み》となり、自由《じゆう》を獲得《かくとく》した。

## 象山《しょうざん》を嫌《きら》う人々《ひとびと》

文久《ぶんきゅう》三（一八六三）年《ねん》は、攘夷論《じょういろん》が沸騰《ふっとう》した年《とし》だった。

長州藩《ちょうしゅうはん》が、関門海峡《かんもんかいきょう》を通航《つうこう》する外国《がいこく》の艦船《かんせん》を砲撃《ほうげき》した攘夷戦争《じょういせんそう》の勃発《ぼっぱつ》で、騒然《そうぜん》とした空気《くうき》が国内《こくない》にたちこめた。

「ばかなことをするものだ」

象山《しょうざん》は天《てん》をあおいで、長州人《ちょうしゅうじん》の過激《かげき》な行動《こうどう》を嘆《なげ》いた。

吉田松陰《よしだしょういん》もはじめは攘夷論《じょういろん》だったが、外国《がいこく》の兵器《へいき》がいかにすぐれているか、それに立《た》ちむかって敗北《はいぼく》するより、進《すす》んで国《くに》を開《ひら》き、彼《かれ》らの先進技術《せんしんぎじゅつ》を自分《じぶん》のものにすることが先決《せんけつ》という象山《しょうざん》の説《せつ》に共鳴《きょうめい》するようになった。

「寅次郎《とらじろう》の弟子《でし》・高杉晋作《たかすぎしんさく》という男《おとこ》にはよくいいきかせたつもりだが、理解《りかい》できなかったようだ。しょせんは跳《は》ねあがりの小僧《こぞう》だったか」

象山《しょうざん》は毒《どく》づいたが、その高杉晋作《たかすぎしんさく》は、象山《しょうざん》が蟄居《ちっきょ》をとかれたころの前年《ぜんねん》十二月《がつ》、江戸《えど》品《しな》川御殿山《がわごてんやま》に完成《かんせい》したばかりの英国公使館《えいこくこうしかん》を、仲間《なかま》たちと焼《や》き討《う》ちしている。

象山《しょうざん》の目《め》には跳《は》ねあがりの攘夷行動《じょういこうどう》だが、じつはこの英国公使館《えいこくこうしかん》の建物《たてもの》は、イギリス側《がわ》にひき渡《わた》しが終《お》わっていない幕府《ばくふ》の財産《ざいさん》だった。

そのころ高杉《たかすぎ》らが叫《さけ》んでいた攘夷論《じょういろん》は、幕府《ばくふ》を突《つ》きあげるのが目的《もくてき》だったのだ。高杉晋作《たかすぎしんさく》はすでに、上海渡航《シャンハイとこう》の時《とき》、欧米《おうべい》の新《あたら》しい兵器《へいき》を見《み》て、象山《しょうざん》の話《はなし》を思《おも》い出《だ》しながら、攘夷《じょうい》のむなしさを悟《さと》っていたのである。むしろ開国論《かいこくろん》にかたむいた。

長州藩《ちょうしゅうはん》と土佐藩《とさはん》は、象山《しょうざん》の赦免《しゃめん》を見越《みこ》して、早々《そうそう》と招聘《しょうへい》の話《はなし》を松代藩《まつしろはん》に持《も》ちこんできた。非常《ひじょう》の時局《じきょく》をむかえた大藩《たいはん》として、当代最高《とうだいさいこう》の西洋知識《せいようちしき》といわれる佐久間象山《さくましょうざん》は、まさに垂涎《すいぜん》（よだれがでる）の的《まと》なのだった。

土佐藩《とさはん》からは、中岡慎太郎《なかおかしんたろう》らが山内容堂《やまのうちようどう》の書状《しょじょう》を持《も》ってやってきたし、長州藩《ちょうしゅうはん》は久坂玄《くさかげん》瑞《ずい》らが、藩主《はんしゅ》の要請状《ようせいじょう》をたずさえてのりこんできた。

久坂玄瑞《くさかげんずい》は松陰《しょういん》の弟子《でし》だが、松陰《しょういん》が手《て》を焼《や》いたことがあるほどの、いわばガリガリの攘《じょう》夷論者《いろんしゃ》である。

「いかに寅次郎《とらじろう》との縁《えん》を仰《おお》せられようとも、攘夷論《じょういろん》の本拠地《ほんきょち》のような藩《はん》に仕《つか》えるわけにはいきません。わたしは攘夷反対《じょういはんたい》、開国論者《かいこくろんしゃ》である」

にべもなく長州藩《ちょうしゅうはん》のほうはことわった。その点《てん》で土佐《とさ》の山内容堂《やまのうちようどう》は、公武合体論《こうぶがったいろん》にかたむいている。行《い》くとすれば土佐藩《とさはん》だが、象山《しょうざん》にその気《き》はなかった。ふるさとの松代藩《まつしろはん》で、存分《ぞんぶん》に腕《うで》をふるってみたい。

それに他藩《たはん》から熱心《ねっしん》なさそいがあると知《し》れば、松代藩《まつしろはん》そのものが手放《てばな》さないはずだと象《しょう》山《ざん》は思《おも》っていた。

ところが話《はなし》は逆《ぎゃく》で、松代藩《まつしろはん》は象山《しょうざん》を土佐藩《とさはん》にひきとってもらおうとしていると聞《き》いておどろき、調《しら》べてみると、画策《かくさく》しているのは真田貫道《さなだつらみち》や長谷川昭道《はせがわあきみち》だった。ちょうどよい機《き》会《かい》だから厄介者《やっかいもの》を追《お》い出《だ》そうということらしい。象山《しょうざん》は怒《おこ》った。

藩主《はんしゅ》のところに行《い》き、土佐藩《とさはん》の要請《ようせい》は、藩主《はんしゅ》じきじきに拒絶《きょぜつ》してもらいたいと強硬《きょうこう》に願《ねが》い出《で》た。本人《ほんにん》が固辞《こじ》し、土佐藩招聘《とさはんしょうへい》の話《はなし》は白紙《はくし》にもどった。

腹《はら》のムシがおさまらない象山《しょうざん》は、登城《とじょう》したその日《ひ》に真田貫道《さなだつらみち》ら家老《かろう》はじめ、要職《ようしょく》にある家臣《かしん》たちにむかって、藩政改革《はんせいかいかく》に関《かん》する自説《じせつ》を述《の》べたうえ、藩《はん》を衰微《すいび》させた彼《かれ》らの失政《しっせい》を論《ろん》じ、罵声《ばせい》をあびせかけた。

「『荀子《じゅんし》』（中国《ちゅうごく》、戦国時代《せんごくじだい》の思想家《しそうか》。性悪説《せいあくせつ》をとなえ、礼《れい》を以《もっ》て、秩序《ちつじょ》を正《ただ》すべしと説《と》く）

の臣道篇《しんどうへん》でいう忠《ちゅう》とは、大忠《たいちゅう》・次忠《じちゅう》・下忠《げちゅう》・国賊《こくぞく》にわける。主君《しゅくん》の名誉《めいよ》と恥《はじ》を憂《うれ》えず、国《くに》の繁栄《はんえい》と衰亡《すいぼう》を憂《うれ》えず、おのれの地位《ちい》を盗《ぬす》むものは国賊《こくぞく》である」

色《いろ》をうしない、だれとして反論《はんろん》する者《もの》はいなかった。

この日《ひ》、象山《しょうざん》は藩主《はんしゅ》にも改革《かいかく》の建言《けんげん》をしたためた上書《じょうしょ》を用意《ようい》して拝謁《はいえつ》し、とうとうと意《い》見《けん》を述《の》べた。

幸貫死去《ゆきつらしきょ》のあと、孫《まご》の幸教《ゆきのり》が新《あたら》しい藩主《はんしゅ》の座《ざ》についている。象山《しょうざん》が現下《げんか》の政局《せいきょく》に松代藩《まつしろはん》がどう対処《たいしょ》すべきかを説《と》き終《お》わると、

「うむ、あいわかった」

幸教《ゆきのり》は頷《うなず》いたが、内心《ないしん》では困惑《こんわく》しているようだった。このときまだ十八歳《さい》、しかも病弱《びょうじゃく》で覇気《はき》がない。藩政《はんせい》は家老《かろう》らが牛耳《ぎゅうじ》っているから、象山《しょうざん》の意見《いけん》がそのまま採用《さいよう》されることはまずない。

前藩主幸貫《ぜんはんしゅゆきつら》の亡《な》きあと、象山《しょうざん》の理解者《りかいしゃ》である家老《かろう》・恩田貫実《おんだつらざね》と、彼《かれ》に対立《たいりつ》する者《もの》たちとの抗争《こうそう》は、いちだんと激《はげ》しくなった。家老《かろう》の真田貫道《さなだつらみち》、郡奉行《こおりぶぎょう》の長谷川昭道《はせがわあきみち》がとくに象山《しょうざん》を批判《ひはん》し憎悪《ぞうお》に近《ちか》い感情《かんじょう》を抱《いだ》いていた。

長谷川昭道《はせがわあきみち》は、攘夷論者《じょういろんしゃ》だったから、象山《しょうざん》とは思想的《しそうてき》にも正反対《せいはんたい》の立場《たちば》だが、なにより

も象山《しょうざん》を毛嫌《けぎら》いしている。象山《しょうざん》の赦免《しゃめん》が遅《おく》れたおもな理由《りゆう》は、彼《かれ》らによる妨害《ぼうがい》だったことは、たしかであった。

蟄居《ちつきょ》がとけた象山《しょうざん》が、松代藩《まつしろはん》の改革《かいかく》と時局《じきょく》に対処《たいしょ》する新《あたら》しい構想《こうそう》を力《ちから》いっぱいに書《か》きあげ、藩主《はんしゅ》に提出《ていしゅつ》した意見書《いけんしょ》は、却下《きゃっか》された。

「そのほうが、このたび藩政《はんせい》について申《もう》し立《た》てたのは、忠誠心《ちゅうせいしん》によるものとくわしく読《よ》んだが、藩主《はんしゅ》として深《ふか》く考《かんが》えるところもあるので、いまはとりあげられない。この件《けん》について、ふたたび目《め》どおりは許《ゆる》さないので、そのように心得《こころえ》よ」

もう二度《にど》と藩主《はんしゅ》のまえにあらわれるなという、冷酷《れいこく》なその下渡文《さげわたしぶみ》は、おそろく家老《かろう》の真田《さなだ》貫道《つらみち》か長谷川《はせがわ》昭道《あきみち》が書《か》いたと思《おも》われた。

# 革《かわ》の西洋鞍《せいようぐら》

藩《はん》から突《つ》きはなされ、さすがの象山《しょうざん》も気《き》おちしてしまった。

失意《しっい》の日々《ひび》を愛馬《あいば》「都路《みやこじ》」にまたがって、春《はる》の光《ひかり》につつまれた城下《じょうか》の郊外《こうがい》を遠乗《とおの》りしたり、詩歌《しいか》を詠《よ》んで傷心《しょうしん》をまぎらわせるしかなかった。

白馬《はくば》にまたがった堂々《どうどう》たる象山《しょうざん》のすがたは、信州《しんしゅう》の山《やま》ふところに静《しず》まる松代城下《まつしろじょうか》に、彼《かれ》が置《お》きのこした絵《え》のような風景《ふうけい》だった。

やがて松代盆地《まつしろぼんち》にひどい残暑《ざんしょ》がただよう八月《がつ》十三日《にち》、象山《しょうざん》のもとに思《おも》いがけず藩政府《はんせいふ》の役人《やくにん》がやってきて、京都朝廷《きょうとちょうてい》から佐久間修理《さくましゅり》に御用《ごよう》これあり、ただちに上洛《じょうらく》するようにとの命令《めいれい》が、松代藩京都留守居役《まつしろはんきょうとるすいやく》に通達《つうたつ》されたことを伝《つた》えた。

当時《とうじ》、京都朝廷《きょうとちょうてい》は尊王攘夷派《そんのうじょういは》でしめられているころだ。

「開国論者《かいこくろんしゃ》であるわたしを朝廷《ちょうてい》がお召《め》しとは、ちと不可解《ふかかい》だな」

象山《しょうざん》は首《くび》をかしげたが、公卿《くぎょう》のなかにも中川宮《なかがわのみや》のように幕府《ばくふ》よりの人物《じんぶつ》がいるのだから、なにか事情《じじょう》があるのだろうと思《おも》った。それに朝廷《ちょうてい》の御用《ごよう》とは名誉《めいよ》なことである。さらに藩《はん》内《ない》の攘夷派《じょういは》のやつらの鼻《はな》をあかしてやることもできる。

決心《けっしん》して出発《しゅっぱつ》の準備《じゅんび》をしていると、九月《がつ》まで上洛《じょうらく》は延期《えんき》せよと伝《つた》えてきた。

このとき、藩主《はんしゅ》の名《な》で京都御所《きょうとごしょ》の伝奏《てんそう》（公家《くげ》の職名《しょくめい》。天皇《てんのう》にとりつぐ役《やく》）の飛鳥井大納《あすかいだいな》言《ごん》に宛《あ》てた書状《しょじょう》におどろくべきことが書《か》いてある。


このたび家来佐久間修理《けらいさくましゅり》と申《もう》す者《もの》に御用《ごよう》がおありのようですが、この者《もの》は学術《がくじゅつ》、才略《さいりゃく》には長《た》けていますが、当家《とうけ》が長年召《ながねんめ》し使《つか》い、ためしたところ、その人《ひと》となりに不安心《ふあんしん》の点《てん》があり、これまでも重用《ちょうよう》しないことにしております。同人《どうにん》はとりあつかい方《かた》、万事《ばんじ》厄《やっ》介《かい》で、ほかの影響《えいきょう》がわるく、心痛《しんつう》が耐《た》えません。恐《おそ》れいりますが、この者《もの》を差《さ》し出《だ》すことは遠慮《えんりょ》いたしたく存《ぞん》じます。


こうした反対派《はんたいは》による象山《しょうざん》の進路妨害《しんろぼうがい》は、やがて本人《ほんにん》にも伝《つた》わって激怒《げきど》させることになるのだが、この松代藩《まつしろはん》の処置《しょち》には、もうひとつ裏《うら》がある。

松代藩《まつしろはん》が家来《けらい》を朝廷《ちょうてい》に差《さ》し出《だ》すと、幕府《ばくふ》がよい顔《かお》をしないだろう。なにかのときには責《せき》任《にん》をとらされるかもしれない。厄介者《やっかいもの》を追《お》い出《だ》したいのだが、相手《あいて》がわるい。ここは拒絶《きょぜつ》するに越《こ》したことはないという判断《はんだん》だろう。

朝廷《ちょうてい》への出仕《しゅつし》がとりやめになってから、ふたたび象山《しょうざん》の閑居生活《かんきょせいかつ》がはじまった。しかしなにもしないでいることはできないのだ。読書《どくしょ》はもちろん、門人《もんじん》に砲術《ほうじゅつ》を教《おし》えたり、けっこう忙《いそが》しい毎日《まいにち》だった。

このごろ象山《しょうざん》は西洋《せいよう》の馬術《ばじゅつ》を研究《けんきゅう》し、「都路《みやこじ》」を相手《あいて》に実習《じっしゅう》に励《はげ》んでいた。馬術《ばじゅつ》も洋式兵学《ようしきへいがく》の重要《じゅうよう》な科目《かもく》である。

象山《しょうざん》は洋式《ようしき》の鞍《くら》に関心《かんしん》をもち、オランダの馬術書《ばじゅつしょ》を参考《さんこう》に、西洋鞍《せいようぐら》を試作《しさく》して乗《の》ってみると、便利《べんり》なうえにたいそう乗《の》り心地《ごこち》がよいのだった。

日本《にほん》の鞍《くら》の本体《ほんたい》は木製《もくせい》である。変遷《へんせん》、改良《かいりょう》されてはいるが、形《かたち》は基本的《きほんてき》に古代《こだい》からあまりかわっていない。甲冑《かっちゅう》とおなじく、派手《はで》に飾《かざ》りたてたりもする。

軍記物語《ぐんきものがたり》に「金覆輪《きんぷくりん》の鞍置《くらお》いて」などとある金覆輪《きんぷくりん》の鞍《くら》とは、飾《かざ》りを金《きん》めっきした鞍《くら》で、高位《こうい》の武将《ぶしょう》が乗《の》った。

仰々《ぎょうぎょう》しいそんな日本《にほん》の鞍《くら》に対《たい》して、西洋鞍《せいようぐら》は、まず全部《ぜんぶ》が革製《かわせい》である。馬《うま》への装着《そうちゃく》も簡《かん》単《たん》だし、乗《の》り心地《ごこち》がよい。長距離《ちょうきょり》の騎馬《きば》にも適《てき》している。

象山《しょうざん》は乗馬《じょうば》のときの履物《はきもの》も、西洋《せいよう》に習《なら》い革《かわ》の長靴《ちょうか》をつくって使用《しよう》した。黒《くろ》く磨《みが》きあげたブーツをはき、革《かわ》の西洋鞍《せいようぐら》をつけた象山《しょうざん》の乗馬《じょうば》すがたに、松代城下《まつしろじょうか》の人々《ひとびと》は、異人《いじん》を見《み》るような目《め》をそそいだ。

まもなく、そのいでたちで、象山《しょうざん》は京都《きょうと》に出《で》るのである。それが死出《しで》の装束《しょうぞく》であることは、神《かみ》のみぞ知《し》る人間《にんげん》の運命《うんめい》であった。

# 檜舞台《ひのきぶたい》

天皇《てんのう》を手中《しゅちゅう》にした長州藩《ちょうしゅうはん》を中心《ちゅうしん》とする尊王攘夷派《そんのうじょういは》は、朝廷《ちょうてい》の名《な》で幕府《ばくふ》に攘夷《じょうい》の実行《じっこう》をせまった。やむなく幕府《ばくふ》は実行《じっこう》の日《ひ》を文久《ぶんきゅう》三(一八六三)年《ねん》五月十日《がっとおか》と奏上《そうじょう》したのだった。長《ちょう》州藩《しゅうはん》はその日《ひ》から、関門海峡《かんもんかいきょう》での国際紛争《こくさいふんそう》をおっぱじめた。

翌元治元年《よくげんじがんねん》は、騒乱《そうらん》の様相《ようそう》がいちだんと深《ふか》まった年《とし》である。

将軍家茂《しょうぐんいえもち》の名《な》で、象山《しょうざん》に上京《じょうきょう》の命《めい》が伝《つた》えられたのは、その年《とし》三月七日《がつなのか》だった。象山自身《しょうざんじしん》も松代藩《まつしろはん》も、もはや逃《に》げるべくもない断定的《だんていてき》な幕府《ばくふ》の命令《めいれい》である。

松代藩《まつしろはん》の反佐久間《はんさくま》の連中《れんちゅう》は、やっと象山《しょうざん》が出《で》て行《い》く時《とき》がきたとよろこんだだろうし、象《しょう》山自身《ざんじしん》はついに檜舞台《ひのきぶたい》に立《た》つ日《ひ》がきたと勇躍《ゆうやく》、京《きょう》へむかった。

単《たん》にあやつられているばかりでなく、もともと孝明天皇《こうめいてんのう》その人《ひと》が攘夷論者《じょういろんしゃ》なのである。

なんとかして朝廷《ちょうてい》の攘夷思想《じょういしそう》をあらためさせることはできないかと、幕府《ばくふ》が考《かんが》え出《だ》したのが、京都《きょうと》に人《ひと》を送《おく》りこんで、説得《せっとく》するという方法《ほうほう》だった。

だれを送《おく》るか。普通《ふつう》の人物《じんぶつ》ではその役目《やくめ》は果《は》たせない。ここで浮《う》かびあがったのが佐久《さく》間象山《ましょうざん》だ。学問《がくもん》と識見《しきけん》があり、胆力《たんりょく》と弁舌《べんぜつ》にすぐれ、しかも開国主義《かいこくしゅぎ》という条件《じょうけん》をそなえている人物《じんぶつ》といえば、象山以外《しょうざんいがい》にはないのだ。

供《とも》の者《もの》十五人《にん》をひきつれて入洛《じゅらく》(京都《きょうと》にはいる)、丸太町《まるたまち》に居《きょ》を定《さだ》めて、活動《かつどう》をはじめようとしている象山《しょうざん》のもとに幕府《ばくふ》の御徒目付《おかちめつけ》清水崎《しみずき》太郎《たろう》がやってきた。幕府《ばくふ》の辞令《じれい》を渡《わた》すという。

象山《しょうざん》が謹《つつし》んでうけとると、「海陸御備向手付御雇《かいりくおそなえむきてつけおやとい》を申《もう》しつける」という。防衛相談役《ぼうえいそうだんやく》といった役目《やくめ》はよいが、おどろいたのは、「御扶持方《ごふちかた》二十人《にん》、御手当金《おてあてきん》十五両《りょう》」という低《ひく》い待遇《たいぐう》だった。

二十人扶持《にんふち》は玄米《げんまい》にして三十六石《こく》である。白米《はくまい》にするとその半分《はんぶん》だから、供《とも》の者《もの》の食費《しょくひ》がやっというところだ。

幕府《ばくふ》が優遇《ゆうぐう》してくれるだろうと思《おも》い、供《とも》をそろえて京都《きょうと》に乗《の》りこんだ象山《しょうざん》は、困惑《こんわく》し、怒《いか》りがこみあげてきた。

「幕府《ばくふ》が頼《たの》むというので、きてやった。佐久間象山《さくましょうざん》もなめられたものだな。拙者《せっしゃ》の価値《かち》をそのようにも低《ひく》く見《み》ておるのなら、この仕事《しごと》は辞退《じたい》する」

辞令《じれい》をつき返《かえ》そうとした。清水《しみず》はおどろいて、

「抗議《こうぎ》のおもむきは充分上司《じゅうぶんじょうし》に伝《つた》えておきますから、今日《きょう》のところは我慢《がまん》なされませ」

と、ひたすら懇願《こんがん》する。

「そのほうの役目《やくめ》もあろうから、一応《いちおう》は受理《じゅり》してつかわす。これでは、まともな生活《せいかつ》もできぬと、よく伝《つた》えておけ」

自尊心《じそんしん》を傷《きず》つけられた象山《しょうざん》は、「さあ、やってやるぞ」という気力《きりょく》を、たちまちとりおとしてしまった。

象山《しょうざん》の抗議《こうぎ》が伝《つた》わったらしく、しばらくして四十人扶持《にんぶち》に加増《かぞう》するという辞令《じれい》を清水《しみず》がとどけてきた。それでも不満《ふまん》だったが、

「これでも幕臣《ばくしん》としての待遇《たいぐう》です。時《とき》がくれば昇進《しょうしん》は望《のぞ》みどおりとなりましょう」

と、清水《しみず》に説得《せっとく》されてひとまず折《お》り合《あ》うことにした。

まずは中川宮家《なかがわのみやけ》をおとずれる。中川宮朝彦親王《なかがわのみやあさひこしんのう》は、はじめ攘夷派《じょういは》に心《こころ》をよせていたが、攘夷派《じょういは》の過激《かげき》な行動《こうどう》が目立《めだ》つようになると幕府《ばくふ》よりにかわり、会津《あいづ》・薩摩《さつま》をたすけて、文《ぶん》久《きゅう》三年《ねん》の八・一八政変《せいへん》の時《とき》には黒幕《くろまく》となった。

山階宮晃親王《やましなのみやあきらしんのう》からは丁重《ていちょう》に招《まね》かれ、ここでは西洋鞍《せいようぐら》が見《み》たいと望《のぞ》まれた。それをつけた

愛馬《あいば》「都路《みやこじ》」を広庭《ひろにわ》にひきいれて、騎乗《きじょう》してごらんにいれた。象山《しょうざん》の西洋鞍《せいようぐら》は、はやくも京都《きょうと》で評判《ひょうばん》になっていたのである。

三条実美《さんじょうさねとみ》や岩倉具視《いわくらともみ》といった急進派公家《きゅうしんはくげ》とちがって、中川宮《なかがわのみや》、山階宮《やましなのみや》は幕府《ばくふ》につうじている公武合体派《こうぶがったいは》である。象山《しょうざん》とは話《はなし》が合《あ》う。

象山《しょうざん》は、開国論《かいこくろん》を展開《てんかい》、西洋《せいよう》の話《はなし》にもおよんで、たっぷり持論《じろん》をぶちあげ、両親王《りょうしんのう》を感《かん》心《しん》させた。象山《しょうざん》の開国論《かいこくろん》はおいおい宮中《きゅうちゅう》にも響《ひび》くようになる。それが幕府《ばくふ》のねらいなのだ。

象山《しょうざん》はあやまった攘夷思想《じょういしそう》を正《ただ》し、開国《かいこく》して西洋《せいよう》の先進文明《せんしんぶんめい》を吸収《きゅうしゅう》することが、日本《にほん》の未来《みらい》を開《ひら》く最善《さいぜん》の方法《ほうほう》だということを、だれ彼《かれ》なしに訴《うった》え、精力的《せいりょくてき》に行動《こうどう》した。

京都《きょうと》に出《で》てきている将軍後見職《しょうぐんこうけんしょく》の一橋慶喜《ひとつばしよしのぶ》からも話《はなし》が聞《き》きたいといって呼《よ》ばれた。

象山《しょうざん》は従来《じゅうらい》の幕政《ばくせい》を痛烈《つうれつ》に批判《ひはん》し、改革《かいかく》に対《たい》する自分《じぶん》の意見《いけん》を述《の》べた。慶喜《よしのぶ》も幕政改革《ばくせいかいかく》について、意欲《いよく》を燃《も》やしているころだったので、熱心《ねっしん》に象山《しょうざん》の話《はなし》に耳《みみ》をかたむけ、以後《いご》もしばしば象山《しょうざん》を呼《よ》んで、長時間《ちょうじかん》にわたり懇談《こんだん》した。

象山《しょうざん》が公家《くげ》や一橋慶喜《ひとつばしよしのぶ》のところに出入《でい》りして、盛《さか》んに開国論《かいこくろん》を披瀝《ひれき》（心中《しんちゅう》の考《かんが》えを包《つつ》むことなくうちあけること）していることは、いつのまにか知《し》れわたっていった。攘夷浪士《じょういろうし》がうろつく京都《きょうと》での象山《しょうざん》の勇敢《ゆうかん》なふるまいは、危険《きけん》をまねきよせることにもなり、

「佐久間先生《さくませんせい》、だいじょうぶですか」

と、親《した》しい人々《ひとびと》がひやひやしながら忠告《ちゅうこく》すると、

「ご心配無用《しんぱいむよう》、これがある」

と、豪快《ごうかい》に笑《わら》いながら、ピストルをかざして見《み》せた。護身用《ごしんよう》の武器《ぶき》をいつも懐《ふところ》に忍《しの》ばせている。


そのころ松代藩《まつしろはん》はわずかな数《かず》の藩兵《はんぺい》を、京都御所警備《きょうとごしょけいび》に差《さ》し出《だ》しており、その用務《ようむ》で郡奉行《ぶぎょう》の長谷川昭道《はせがわあきみち》が上京《じょうきょう》してきた。

七月《がつ》はじめのある日《ひ》、長谷川《はせがわ》はぶらりと象山《しょうざん》の宿舎《しゅくしゃ》をおとずれた。別《べつ》に急《きゅう》な用事《ようじ》があったわけではなく、京都《きょうと》で大活躍《だいかつやく》している象山《しょうざん》のようすをうかがいにきたらしい。異例《いれい》の出《しゅっ》世《せ》をとげた象山《しょうざん》に、すこしはお世辞《せじ》もいって関係《かんけい》を修復《しゅうふく》するつもりだったかもしれない。

とりつぎの者《もの》が長谷川《はせがわ》の来訪《らいほう》を告《つ》げると、

「なに長谷川《はせがわ》がきただと？　そのような奴《やつ》に用《よう》はない。追《お》い返《かえ》せ」

象山《しょうざん》が大声《おおごえ》に怒鳴《どな》るのを聞《き》き、長谷川《はせがわ》は、屈辱《くつじょく》にまみれて帰《かえ》って行《い》った。

「よき気味《きみ》にてござ候《そうら》ひき」

などと、象山《しょうざん》は友人《ゆうじん》への手紙《てがみ》に書《か》いている。

長谷川《はせがわ》が象山《しょうざん》にとった執拗《しつよう》な仕打《しう》ちに対《たい》する積年《せきねん》の怒《いか》りが、瞬間爆発《しゅんかんばくはつ》したのだろう。それにしても、藩《はん》の要職《ようしょく》にある人物《じんぶつ》に対《たい》し罵声《ばせい》をもって玄関払《げんかんばら》いをくわせる主人《しゅじん》の矯激《きょうげき》（言《げん》動《どう》が度《ど》はずれて過激《かげき》なこと）な行為《こうい》に、家来《けらい》たちは肝《きも》をつぶしてしまった。

# 忍《しの》びよる危険《きけん》

八・一八政変《せいへん》で京都《きょうと》を追《お》われた長州藩《ちょうしゅうはん》は、その理不尽《りふじん》をとなえ、朝廷《ちょうてい》に回復《かいふく》を懇願《こんがん》したが、相手《あいて》にされなかった。

「君側《くんそく》の奸《かん》（ここでは天皇《てんのう》のそばにいる悪者《わるもの》・会津《あいづ》と薩摩《さつま》）を除《のぞ》く」

と叫《さけ》んで、長州藩《ちょうしゅうはん》はいまにも京都《きょうと》に武装兵《ぶそうへい》を送《おく》りこもうとし、ぎりぎりのところで暴発《ぼうはつ》をおさえていた。

元治元年《げんじがんねん》六月五日《がついつか》、京都《きょうと》の旅館池田屋《りょかんいけだや》にあつまった志士《しし》二十数人《すうにん》が、新選組《しんせんぐみ》に襲《おそ》われて、殺《ころ》され捕《と》らえられた。

吉田松陰《よしだしょういん》の門下《もんか》だった吉田稔麿《よしだとしまろ》もそこで殺《ころ》されている。

変報《へんぽう》を聞《き》いて激昂《げっこう》した長州藩《ちょうしゅうはん》が、ついに二千人《せんにん》の藩兵《はんぺい》を京都《きょうと》にむけて発進《はっしん》させた。会津《あいづ》と薩摩《さつま》を討《う》つというのだが、両藩《りょうはん》は御所《ごしょ》の警備《けいび》をしているので、攻撃目標《こうげきもくひょう》はやはり御所《ごしょ》ということになる。

長州《ちょうしゅう》の桂小五郎《かつらこごろう》ら攘夷派《じょういは》の志士《しし》らは、「主導権《しゅどうけん》をにぎるためには、玉《ぎょく》（天皇《てんのう》）を手中《しゅちゅう》にすることだ」などと書《か》いていた。戦《たたか》いの状況《じょうきょう》によっては、長州藩《ちょうしゅうはん》が天皇《てんのう》を、どこかにつれ去《さ》ってしまうかもしれない。

「京都《きょうと》は防備《ぼうび》が充分《じゅうぶん》でないので、このさい天皇《てんのう》を一時《いちじ》、彦根城《ひこねじょう》にお遷《うつ》しすべきではないか」

この「彦根遷幸論《ひこねせんこうろん》」をいい出《だ》したのが、象山《しょうざん》であったことは、中川宮《なかがわのみや》の書中《しょちゅう》に「佐久間《さくま》の一策《いっさく》」とあることで推測《すいそく》できる。

「秘策《ひさく》」といいながら、この計画《けいかく》はすぐに外《そと》に洩《も》れてしまう。しかも尊王攘夷派《そんのうじょういは》の知《し》るところとなり、内容《ないよう》もふくれあがって伝《つた》えられていった。

「佐久間修理《さくましゅり》は、天皇《てんのう》を彦根城《ひこねじょう》に遷幸《せんこう》したてまつり、かつ天皇《てんのう》の名《な》で長州藩《ちょうしゅうはん》の力《ちから》をおさえこみ、幕府《ばくふ》をたすけて、天下《てんか》に号令《ごうれい》しようとしている」

そんなふうに伝《つた》わっていくと、象山《しょうざん》が攘夷派暗殺団《じょういはあんさつだん》の標的《ひょうてき》になることは、もう避《さ》けられない状態《じょうたい》となった。

井伊直弼《いいなおすけ》が倒《たお》れた直後《ちょくご》の文久年間《ぶんきゅうねんかん》、安政大獄《あんせいたいごく》の反動《はんどう》で、京都《きょうと》ではかつて幕府側《ばくふがわ》についてはたらいた人々《ひとびと》が、目明《めあか》しなど奉行所《ぶぎょうしょ》の下働《したばたら》きから、文化人《ぶんかじん》までもふくめ、攘夷派暗殺者《じょういはあんさつしゃ》の餌食《えじき》となって次々《つぎつぎ》と悲惨《ひさん》な死《し》をとげ、市民《しみん》を震《ふる》えあがらせた。

複数《ふくすう》の暗殺者《あんさつしゃ》たちは、「人斬《ひとき》り」などといわれて得意《とくい》になり、売名行為《ばいめいこうい》として著名《ちょめい》な人物《じんぶつ》をねらう者《もの》もいた。

佐久間《さくま》象山《しょうざん》ほどの「大物《おおもの》」は、かならず彼《かれ》らにねらわれるにちがいない。しばらく身《み》をかくしたらどうかと、すすめる人《ひと》の意見《いけん》を、象山《しょうざん》は聞《き》こうとしない。

「武士《ぶし》たる者《もの》が、噂《うわさ》におびえて逃《に》げかくれできようか。わたしがとなえる開国論《かいこくろん》は、天下《てんか》の正論《せいろん》である。だれに、はばかることがあろうか。大道《だいどう》を進《すす》むがごとく、行《ゆ》くのみだ」

それはかつて吉田《よしだ》松陰《しょういん》が、老中《ろうじゅう》間部《まなべ》詮勝《あきかつ》を暗殺《あんさつ》するといって、藩《はん》に大砲《たいほう》を貸《か》してくれと願《ねが》い出《で》たとき、「大義《たいぎ》を議《ぎ》す」として、「公明正大《こうめいせいだい》十字《じ》街頭《がいとう》を白日《はくじつ》に行《ゆ》き候《そうろう》ごとく」行動《こうどう》するのだといったのを、連想《れんそう》させる烈火《れっか》のような決意《けつい》だった。

松陰《しょういん》も、象山《しょうざん》もその結果《けっか》として、命《いのち》をうしなった。自分《じぶん》の信念《しんねん》をまげない、十九世紀《せいき》日《に》本《ほん》の変革期《へんかくき》を生《い》きた男《おとこ》たちの死《し》にざま、いや果敢《かかん》な生《い》きざまであった。

❖エピローグ❖

# 散るもめでたし

長州兵《ちょうしゅうへい》が、
京都《きょうと》に乱入《らんにゅう》する八日《ようか》まえの七月《がつ》十一日《にち》のことである。
象山《しょうざん》は、西洋鞍《せいようぐら》をつけた愛馬《あいば》「都路《みやこじ》」にまたがり、
長靴《ちょうか》を光《ひか》らせて、山階宮邸《やましなのみやてい》をおとずれた。
親王《しんのう》と歓談《かんだん》して帰途《きと》につき、
松代藩《まつしろはん》が宿所《しゅくしょ》にしている本覚寺《ほんがくじ》をまわって、
午後《ごご》五時《じ》ごろ、
木屋《きや》町通《まちどお》り三条上《さんじょうあが》ルのあたりにさしかかった。
鴨川堤《かもがわつつみ》を進《すす》む白馬《はくば》の西洋鞍《せいようぐら》にまたがった大男《おおおとこ》のすがたは、
だれの目《め》にも佐久間象山《さくましょうざん》だった。

待《ま》ちうけていたひとりの武士《ぶし》が、

刀《かたな》を抜《ぬ》いてすれちがいざま、
下《した》から馬上《ばじょう》の象山《しょうざん》の股《もも》を斬《き》りあげた。
懐《ふところ》のピストルをとり出《だ》す間《ま》もない、
瞬間《しゅんかん》の早業《はやわざ》である。
そのまま駆《か》けて行《い》くと、
別《べつ》の男《おとこ》が待《ま》ち伏《ぶ》せしていて、
象山《しょうざん》の腰《こし》に斬《き》りつけた。
象山《しょうざん》は重傷《じゅうしょう》の身《み》を愛馬《あいば》にあずけて、
木屋町通《きやまちどお》りに走《はし》りこんだが、
気力《きりょく》をうしなって落馬《らくば》したところを、
三人《にん》の刺客《しかく》がとりかこんで、
めった斬《ぎ》りにして立《た》ち去《さ》った。

水戸《みと》藩士《はんし》・酒泉彦太郎《さかいずみひこたろう》が、
偶然絶命《ぐうぜんぜつめい》する象山《しょうざん》のようすを目撃《もくげき》して、
手記《しゅき》に書《か》いた。

「門前《もんぜん》に出《で》てこれを見《み》れば、
老爺《ろうや》、馬《うま》より落《お》つ。
鮮血淋漓《せんけつりんり》、叫声《きょうせい》、耳《みみ》をそばだつ……」

しかし象山《しょうざん》は五十四歳《さい》である。
人生《じんせい》五十年《ねん》といった当時《とうじ》では、
そうだったかもしれないが、
老爺《ろうや》というにはあたらない。

なお多《おお》くの春秋《しゅんじゅう》をのこした象山《しょうざん》の、
惜《お》しんであまりある非業《ひごう》の死《し》だった。
刺客《しかく》のひとりは「人斬《ひとき》り彦斎《げんさい》」と恐《おそ》れられた、
熊本出身《くまもとしゅっしん》の浪士《ろうし》・河上彦斎《かわかみげんさい》であることはわかっている。

佐久間修理《さくましゅり》

この者《もの》は西洋学《せいようがく》をとなえ、交易開港《こうえきかいこう》の説《せつ》を主張《しゅちょう》して
国体《こくたい》をあやまらせた罪《つみ》はすておきがたく、あまつさ
え、中川宮《なかがわのみや》らと謀《はか》り、彦根城《ひこねじょう》へ天皇《てんのう》を遷《うつ》したてまつ
らんとくわだてるなど大逆無道《たいぎゃくむどう》、天地《てんち》に容《い》れられざ
る国賊《こくぞく》につき、今日三条木屋町《こんにちさんじょうきやまち》にて天誅《てんちゅう》を加《くわ》えた。

皇国忠義士《こうこくちゅうぎし》

その日《ひ》、三条大橋《さんじょうおおはし》に張《は》り出《だ》された、
このような斬奸状《ざんかんじょう》の筆跡《ひっせき》が、
長谷川昭道《はせがわあきみち》のものに似《に》ているということで、
彼《かれ》が象山暗殺《しょうざんあんさつ》に関《かか》わっているという疑《うたが》いが浮《う》かびあがった。
象山《しょうざん》が長谷川《はせがわ》を玄関払《げんかんばら》いしたことがひろまって、
それにむすびつけた噂《うわさ》だが、真相《しんそう》は闇《やみ》のなかである。
仮《かり》に長谷川《はせがわ》が攘夷浪士《じょういろうし》のうしろで糸《いと》をひいていたとすれば、
あまりにも悲《かな》しい話《はなし》だ。
九年間《ねんかん》という長《なが》い蟄居生活《ちっきょせいかつ》を象山《しょうざん》に強《し》いて、
貴重《きちょう》な時間《じかん》を空費《くうひ》させることに
対立者《たいりつしゃ》の悪意《あくい》のムチ打《う》ちをくわえつづけたのは、
長谷川《はせがわ》だった。

ようやく解放《かいほう》されて、
うしなった時間《じかん》をとりもどそうとしていた
象山《しょうざん》の命《いのち》を断《た》ったのも彼《かれ》だとしたら、
言葉《ことば》をうしなうばかりだ。

そしてなによりも
外圧《がいあつ》におびえる国家《こっか》にとって有用《ゆうよう》な人材《じんざい》のひとりが、
浪士《ろうし》のふるう姑息《こそく》な功名心《こうみょうしん》の刃《やいば》に倒《たお》れたことが
悔《く》やまれる。

河上彦斎《かわかみげんさい》は九州《きゅうしゅう》に帰《かえ》り、高田源兵衛《たかだげんべえ》と改名《かいめい》した。
佐久間象山《さくましょうざん》を暗殺《あんさつ》したことを自慢《じまん》し、
それでいっぱしの憂国《ゆうこく》の壮士《そうし》とたてまつられたが、
明治《めいじ》になって新政府《しんせいふ》に反抗《はんこう》して捕《と》らえられ、処刑《しょけい》された。

さらに　悔《くや》しいのは、
暗殺《あんさつ》された象山《しょうざん》に対《たい》して、
死屍《しし》に鞭打《むちう》つような松代藩《まつしろはん》の措置《そち》だった。
三日後《みっかご》の七月《がつ》十四日《か》には、
待《ま》ち構《かま》えていたように、
佐久間家《さくまけ》の知行《ちぎょう》ならびに屋敷《やしき》ともに没収《ぼっしゅう》され、
佐久間家《さくまけ》は断絶《だんぜつ》した。

象山《しょうざん》は、お召《め》しに応《おう》じて京都《きょうと》に出《で》るとき、
一首《いっしゅ》の和歌《わか》を詠《よ》んでいる。
「時《とき》に逢《あ》はば散《ち》るもめでたし山桜《やまざくら》
めづるは花《はな》のさかりのみかは」

（山桜《やまざくら》を愛《め》でるのは、花《はな》のさかりだけではないだろう。
やむを得《え》ない事情《じじょう》に応《おう》じて散《ち》るときもまた花《はな》は美《うつく》しい）
そのとき象山《しょうざん》は、すでに死《し》を覚悟《かくご》していたのである。

徳川幕府《とくがわばくふ》が解体《かいたい》されて、
さらに新《あたら》しい時《とき》がながれた。
明治《めいじ》二十二（一八八九）年《ねん》二月《がつ》十一日《にち》、
憲法発布《けんぽうはっぷ》の日《ひ》に、政府《せいふ》は正四位《しょうしい》を贈《おく》って、
幕末《ばくまつ》のサムライ・テクノクラート
佐久間象山《さくましょうざん》の功績《こうせき》に、わずかにむくいた。

# あとがき

人間《にんげん》の力《ちから》を向上《こうじょう》させ、成功《せいこう》にみちびくエネルギーの源泉《げんせん》には、いろいろな要素《ようそ》がふくまれていますが、その重要《じゅうよう》なひとつは「好奇心《こうきしん》」でしょう。好奇心《こうきしん》とは、めずらしい物事《ものごと》、未知《みち》の事柄《ことがら》に興味《きょうみ》をもつということです。「なんでも見《み》てやろう」という知識欲《ちしきよく》、さらには行動力《こうどうりょく》もたいせつです。

フランスのディドロが『百科全書《ひゃっかぜんしょ》』を完成《かんせい》させたのは一七五一年《ねん》で、これがフランス大《だい》革命《かくめい》の基礎《きそ》になったといわれています。象山《しょうざん》が読《よ》んだショメルの『百科辞書《ひゃっかじしょ》』は、それよりもっとはやい時期《じき》に、フランスからオランダに渡《わた》り、オランダ語訳《ごやく》されたのが、日本《にほん》にはいってきました。モノはどのようにしてできたか、どのようにしてつくるかを、専門《せんもん》家《か》が図版《ずはん》などもつけて、くわしく書《か》いたのが百科辞書《ひゃっかじしょ》です。このごろ「ものつくり」ということがよくいわれていますが、百科事典《ひゃっかじてん》の原点《げんてん》は、「ものつくり」の思想《しそう》なのです。象山《しょうざん》はショメルの『百科辞書《ひゃっかじしょ》』から、ガラスを製造《せいぞう》することに成功《せいこう》しています。ギヤマンといった舶来《はくらい》のガラス器《き》を、日本人《にほんじん》でもできることを証明《しょうめい》したのです。

象山《しょうざん》は次々《つぎつぎ》と洋書《ようしょ》を手《て》にいれて、「ものつくり」に励《はげ》みました。外国《がいこく》の武力《ぶりょく》におびえていた当時《とうじ》の日本《にほん》に必要《ひつよう》とされた大砲《たいほう》や小銃《しょうじゅう》などもつくりました。武道はもちろんですが、洋《よう》式砲術《しきほうじゅつ》にしても奥義《おうぎ》などといって、大事《だいじ》なところはなかなか教《おし》えません。象山《しょうざん》は自分《じぶん》がたくわえた知識《ちしき》を出《だ》し惜《お》しみせず、すべて公開《こうかい》しました。

また日本人《にほんじん》がひろく洋書《ようしょ》を読《よ》めるようになるため、オランダ語《ご》の辞書《じしょ》を出版《しゅっぱん》しようと思《おも》い立《た》ちます。幕府《ばくふ》がそれを許《ゆる》しませんでした。時代《じだい》を先《さき》どりした幕末《ばくまつ》のテクノクラート佐《さ》久間象山《くましょうざん》の生涯《しょうがい》は、旧思想《きゅうしそう》との戦《たたか》いでもありました。

対外危機感《たいがいききかん》から西洋《せいよう》の軍事知識《ぐんじちしき》が要求《ようきゅう》され、象山《しょうざん》はたちまち「時《とき》の人《ひと》」になっていきますが、いよいよ本格的《ほんかくてき》に活動《かつどう》しようとする矢先《やさき》、外国《がいこく》を憎《にく》む攘夷派《じょういは》の男《おとこ》たちに暗殺《あんさつ》されてしまいました。じつに残念《ざんねん》な死《し》でした。

根《ね》は心優《こころやさ》しい人《ひと》なのに、絶大《ぜつだい》な自信《じしん》と尊大《そんだい》な態度《たいど》が誤解《ごかい》されました。それが象山《しょうざん》の命《いのち》をちぢめる一因《いちいん》でもあったのです。ひとつの教訓《きょうくん》としてつけくわえておきます。

紀元《きげん》二〇〇五年秋《ねんあき》

古川《ふるかわ》　薫《かおる》

むかしの国名
〔1868(明治元)年〕

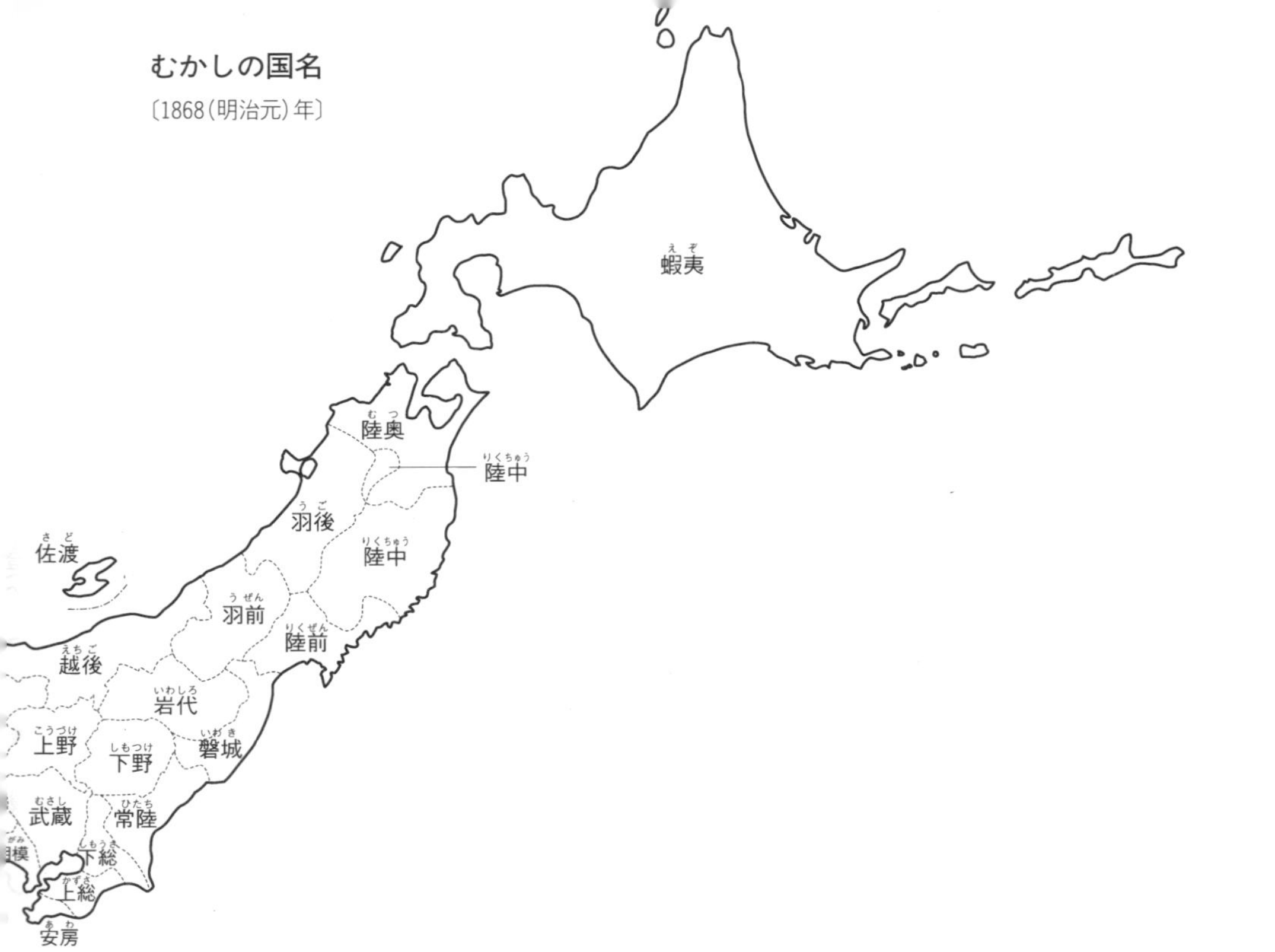


## 佐久間象山《さくましょうざん》 略年譜《りゃくねんぷ》

| 年《ねん》代《だい》 | 象山《しょうざん》のあゆみと国内《こくない》のうごき |
|---|---|
| 文化《ぶんか》八年《ねん》 一八一一 | 二月《がつ》二十八日《にち》、松代藩士《まつしろはんし》佐久間《さくま》一学《いちがく》の長男《ちょうなん》として松《まつ》代城下《しろじょうか》に生《う》まれる。幕府《ばくふ》、翻訳局《ほんやくきょく》を設《もう》ける。 一歳《さい》 |
| 文政《ぶんせい》八年《ねん》 一八二五 | 二月《がつ》、幕府《ばくふ》は異国船打払令《いこくせんうちはらいれい》を指令《しれい》。四月《がつ》、元服《げんぷく》し、はじめて藩主幸貫《はんしゅゆきつら》の前《まえ》に出《で》る。 十五歳《さい》 |
| 天保元年《てんぽうがんねん》 一八三〇 | 詩百篇《しひゃっぺん》をつくり学業精励《がくぎょうせいれい》のゆえを以《もっ》て藩《はん》から銀三枚《ぎんさんまい》を賞賜《しょうし》される。八月《がつ》、吉田松陰《よしだしょういん》生《う》まれる。 二十歳《さい》 |
| 天保《てんぽう》四年《ねん》 一八三三 | 十一月《がつ》、江戸《えど》に遊学《ゆうがく》し、佐藤一斎《さとういっさい》に師事《しじ》する。オランダ人《じん》、海外風説書《かいがいふうせつしょ》を幕府《ばくふ》に提出《ていしゅつ》。 二十三歳《さい》 |
| 天保《てんぽう》十年《ねん》 一八三九 | 二月《がつ》、ふたたび江戸《えど》に出《で》て、六月《がつ》、神田阿玉《かんだおたま》が池《いけ》に塾《じゅく》(象山書院《しょうざんしょいん》)を開《ひら》く。蛮社《ばんしゃ》の獄起《ごくお》こる。 二十九歳《さい》 |
| 天保《てんぽう》十三年《ねん》 一八四二 | 藩主真田幸貫《はんしゅさなだゆきつら》(老中《ろうじゅう》)海防係《かいぼうかか》りとなり、象山《しょうざん》を顧問《こもん》に任用《にんよう》。九月《がつ》、江川塾《えがわじゅく》に入門《にゅうもん》。 三十二歳《さい》 |
| 弘化元年《こうかがんねん》 一八四四 | 六月《がつ》、黒川良安《くろかわりょうあん》から蘭学《らんがく》を学《まな》ぶ。ショメルの『百科《ひゃっか》辞書《じしょ》』によりガラスを製造《せいぞう》する。 三十四歳《さい》 |
| 嘉永《かえい》二年《ねん》 一八四九 | 十月《がつ》、『増訂和蘭語彙《ぞうていオランダごい》』の出版《しゅっぱん》を計画《けいかく》したが不成功《ふせいこう》に終《お》わる。幕府《ばくふ》、蘭書翻訳《らんしょほんやく》を規制《きせい》。 三十九歳《さい》 |

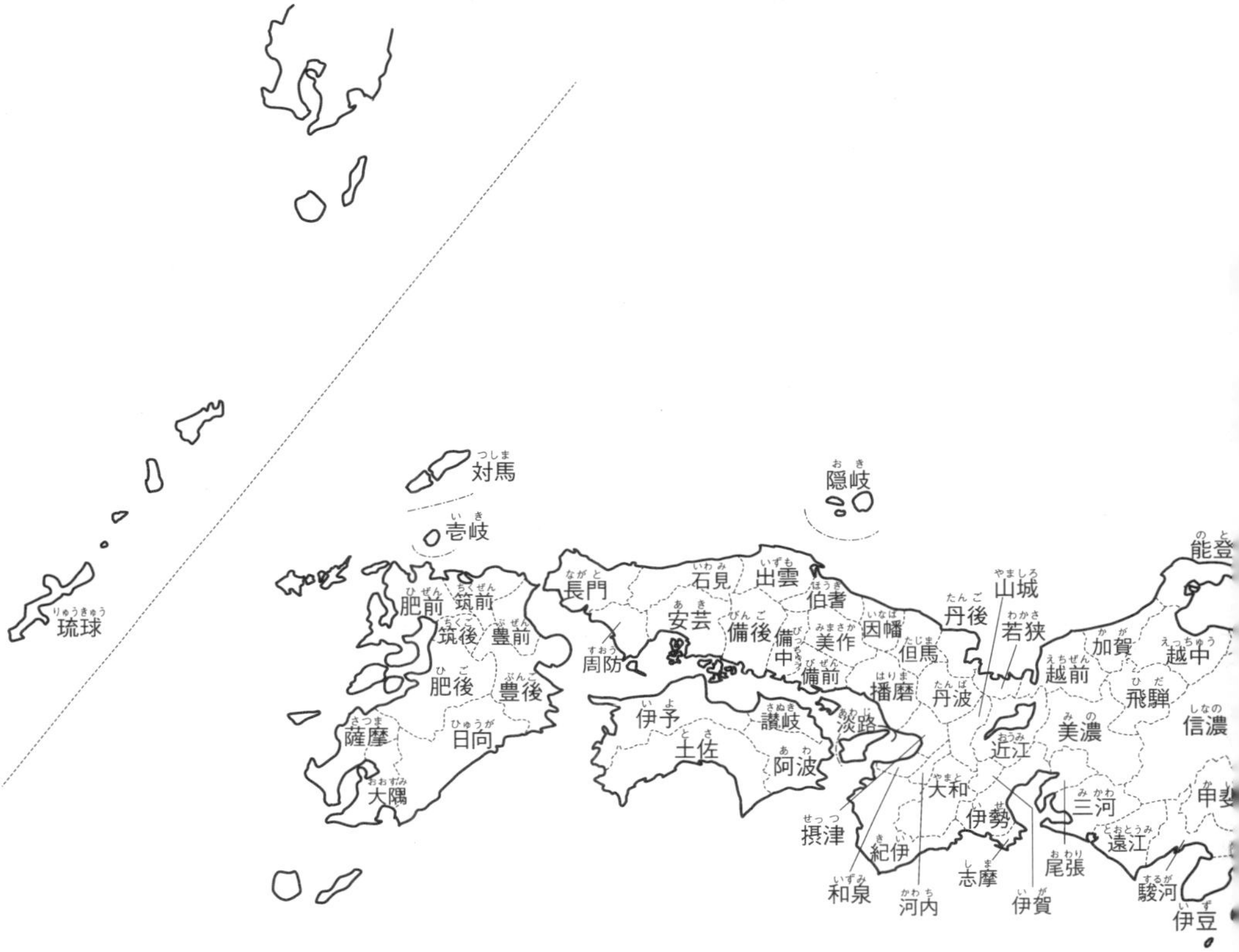


| | | |
|---|---|---|
| 嘉永四年《かえいねん》 一八五一 | 一月《がつ》、アメリカ船《せん》がジョン万次郎《まんじろう》を琉球《りゅうきゅう》に護送《ごそう》。二月《がつ》、松代《まつしろ》で五十ポンド砲《ほう》を試射《ししゃ》。五月《がつ》、江戸木挽町《えどこびきちょう》に開塾《かいじゅく》、吉田松陰《よしだしょういん》・小林虎三郎入門《こばやしとらさぶろうにゅうもん》 | 四十一歳《さい》 |
| 嘉永五年《かえいねん》 一八五二 | 五月《がつ》、江戸《えど》大森海岸《おおもりかいがん》で大砲試射《たいほうししゃ》。六月《がつ》、真田幸貫《さなだゆきつらし》死去《きょ》。十二月《がつ》、勝海舟《かつかいしゅう》の妹《いもうと》 順子《じゅんこ》と結婚《けっこん》。 | 四十二歳《さい》 |
| 嘉永六年《かえいねん》 一八五三 | 六月《がつ》、ペリー艦隊来航《かんたいらいこう》、ただちに門人《もんじん》たちをつれて浦賀《うらが》に急行《きゅうこう》。藩《はん》の軍議役《ぐんぎやく》に任《にん》ぜられる。九月《がつ》、吉田《よしだ》松陰《しょういん》のために送別《そうべつ》の激励詩《げきれいし》を贈《おく》る。 | 四十三歳《さい》 |
| 安政元年《あんせいがんねん》 一八五四 | 三月《がつ》、日米和親条約締結《にちべいわしんじょうやくていけつ》。四月《がつ》、松陰《しょういん》の海外密航未遂事件《かいがいみっこうみすいじけん》に連座《れんざ》して下獄《げごく》、九月《がつ》、松代護送《まつしろごそう》。 | 四十四歳《さい》 |
| 安政六年《あんせいねん》 一八五九 | 十月《がつ》、高弟吉田松陰《こうていよしだしょういん》、安政大獄最後《あんせいたいごくさいご》の犠牲《ぎせい》となり江戸《えど》の獄《ごく》で処刑《しょけい》。 | 四十九歳《さい》 |
| 文久二年《ぶんきゅうねん》 一八六二 | 十二月《がつ》、長州《ちょうしゅう》藩《はん》・土佐《とさ》藩《はん》から招聘《しょうへい》されるが不成立《ふせいりつ》。同月《どうげつ》、蟄居赦免《ちっきょしゃめん》となる。 | 五十二歳《さい》 |
| 元治元年《げんじがんねん》 一八六四 | 三月《がつ》、幕命《ばくめい》により上洛《じょうらく》。六月《がつ》、山階宮《やましなのみや》および一橋慶喜《ひとつばしよしのぶ》に謁《えつ》し、公武合体《こうぶがったい》、天下治平《てんかちへい》の策《さく》を説《と》く。七月十一日《がつにち》、京都三条木屋町《きょうとさんじょうきやまち》で暗殺《あんさつ》される。七月十四日《がつか》、知行《ちぎょう》・屋敷《やしき》を没収《ぼっしゅう》、佐久間家断絶《さくまけだんぜつ》。 | 五十四歳《さい》 |
| 明治二二年《めいじねん》 一八八九 | 二月《がつ》、明治政府《めいじせいふ》から正四位《しょうしい》を追贈《ついぞう》される。 | |

**古川　薫**（ふるかわ　かおる）

1925年、山口県下関市に生まれる。山口大学卒業。山口新聞編集局長を経て文筆活動に入る。1991年、『漂泊者のアリア』で第104回直木賞を受賞する。著書に『正午位置』『ザビエルの謎』『高杉晋作 わが風雲の詩』『留魂の翼 吉田松陰の愛と死』『毛利一族』『軍神』などがある。

**岡田嘉夫**（おかだ　よしお）

1937年、兵庫県神戸市に生まれる。1971年から、さし絵の世界に入る。1973年、『その名は娼婦』他の作品で講談社出版文化賞（さし絵部門）を受賞。作品に『絵草子源氏物語』『源氏たまゆら』『絵双紙妖綺譚 朱鱗の家』『みだれ絵双紙 金瓶梅』などがある。

**佐久間象山** 誇り高きサムライ・テクノクラート　時代を動かした人々（維新篇）

2006年７月15日　第１刷発行

著者／**古川《ふるかわ》　薫《かおる》**　画家／**岡田嘉夫《おかだよしお》**

編集／上野和子

発行者／小峰紀雄

発行所／㈱**小峰書店**　〒162-0066 東京都新宿区市谷台町4-15

☎03-3357-3521　FAX03-3357-1027

http://www.komineshoten.co.jp/

本文組版／株式会社 タイプアンドたいぽ

印刷／株式会社 三秀舎　製本／小高製本工業株式会社

NDC913

185P　22cm

ISBN4-338-17109-X